時間をかけて
作りたい料理

ワタナベマキ

Prologue

時間が料理をおいしくしてくれる。

愛情をかけて作りたい、
とっておきの料理たち。

時間のある日は、ゆっくり、じっくり、思いっきり料理を楽しもう。

料理は、手間をかけずにさっと作ることもできれば、何時間もかけてじっくり作ることもできる。いろいろな楽しみ方ができるところに面白さがあると思います。素材を生かした時短料理もよいですが、あえて、じっくりと料理をする時間を作ると、心のなかにゆとりが生まれます。現代は、おいしいものがすぐに手に入る時代。

外食はよりどりみどり、お取り寄せやデリバリーの選択肢も増え、便利な冷凍食品や加工食品も充実しています。それでもやっぱり、自分で手をかけて作った料理がおいしいと、うれしくなるもの。

この本では、「作ってみたい！」と思っていただけるような料理を厳選し、丁寧にプロセスを追ってレシピをご紹介しています。使い慣れない材料もあるかもしれませんが、作り方や味つけはいたってシンプル。時間はかかるけれど、作りやすく、自家製ならではのおいしさを楽しめるレシピばかりです。写真を眺めているだけで、手間や愛情をかけて作ってみたい気持ちが沸き上がり、皆さまのお手元で活躍する１冊となれば、うれしく思います。

ワタナベマキ

目次

Prologue 時間が料理をおいしくしてくれる。 2

第1章 じっくり火を通す肉の料理 8

*かたまり肉の旨味を引き出す

豚の角煮 10

ローストポーク 14

コンビーフ 18

*いろいろな部位の牛肉を味わう

タンシチュー 22

牛すじ煮込み 26

もつ煮 29

コリコムタン 32

*丸鶏を使って2品

参鶏湯《サムゲタン》 35

スタッフドローストチキン 38

*かたまり肉でひき肉を作ってレストラン級

ハンバーグ 43

*特別な日に作りたい鴨肉、ラム肉料理

鴨ロースのしょうゆ漬け 46

ラムラックの香草焼き 49

Column 一度はやってみたい燻製作り

〈温燻〉ベーコン 54

〈冷燻〉スモークサーモン 56

58 第2章 丁寧に下ごしらえする魚介の料理

＊一尾魚を下ろす

60 あじフライ

64 塩釜焼き

68 オイルサーディン

＊板前になった気分で

70 煮穴子

＊魚卵といかをとことん楽しむ

72 いくらのしょうゆ漬け

75 からすみ

78 いかの塩辛

82 いかめし

Column 美しい2種のテリーヌ

87 〈ゼリー寄せ〉季節野菜のテリーヌ

90 〈ムース〉ほたてのクリームテリーヌ

92 第3章 ひとつひとつの手順を楽しむ粉ものの料理

＊生地から作るパスタ、麺の楽しみ

94 ラザニア

99 ラビオリ

101 素うどん

＊皮から作る粉もの料理

104 トルティーヤ

108 ピロシキ

113 水餃子

117 肉まん

Column 冬の手作り保存食

122 白菜キムチ

この本の使い方

・材料は作りやすい分量を基本としています。できあがり量が多いものは、保存法や食べ方例も紹介していますので、あわせて参考にしてください。

・計量単位は大さじ1＝15ml、小さじ1＝5ml、1カップ＝200ml、米1合＝180mlです。

・「少々」は小さじ1/6未満を、「適量」はちょうどよい量を、「適宜」は好みで必要があれば入れることを示します。

・野菜類は特に記載のない場合、皮をむくなどの下処理を済ませてからの手順を説明しています。

第1章
じっくり火を通す
肉の料理

肉料理を思いっきり楽しみたい！
そんなときはかたまり肉や、
ふだんあまり買うことのない部位の
肉を使ってみましょう。
コトコト煮込んだり、
オーブンでじっくり焼いたり、
時間をかけて火を通すことで、
極上の一品が完成します。

かたまり肉の代表的な料理といえば、豚の角煮。
前日に下ゆでのひと手間をかけることで、
余分な脂が抜けて、すっきりとした味わいに。
時間をかけて煮るからこそ味わえる、
とろとろの食感&濃厚なおいしさです。

こっくりとした味つけと
とろける脂身が絶品

豚の角煮

【材料（作りやすい分量）】

豚バラかたまり肉＿400g×2本
長ねぎ（青い部分）＿1本分
しょうが（薄切り）＿1かけ分
酒＿100ml
みりん＿大さじ3
塩＿小さじ1/4
しょうゆ＿大さじ3
サラダ油＿少々
菜の花＿適宜

食材info

断面を見て脂身と赤身のバランスのよい肉を選ぶ

脂身の部分は、下ゆでして脂を抜くとコラーゲンが残り、とろける食感に。赤身の部分には肉本来の旨味があります。両方を味わえる、バランスのよい肉を選ぶといいでしょう。

DAY1

【作り方】

0min. 豚肉を室温に戻す

30min. 下ゆでする

1.
豚肉は火にかける30分前に冷蔵庫から取り出し、室温に戻しておき、半分に切る。

Point
室温に戻しておくと、全体的に火が通りやすくなり、味のしみ込みもよくなります。

2.
鍋に豚肉、かぶるくらいの水を入れ、中火にかける。ひと煮立ちしたら、弱火にし、5分ほどゆでてアクをきれいに取り除く。

Point
さっと下ゆでしてアクを取っておくと、すっきりとした味わいになります。

40min.

ザルに上げて水けを拭く

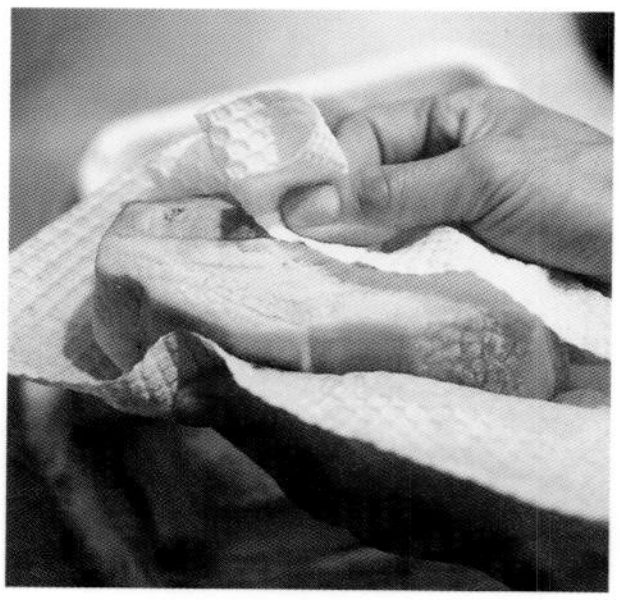

3.

下ゆでした豚肉をザルに上げて粗熱を取り、キッチンペーパーで水けを拭く。

Point

キッチンペーパーで豚肉全体の水けを拭いて、汚れや臭みも一緒に取り除きましょう。

45min.

フライパンで脂身に焼き色をつける

↓ 脂身側をじっくり焼いて脂を出す

4.

フライパンにサラダ油を中火で熱し、豚肉を脂身の部分を下にして入れて焼き色をつける。余分な脂が出てきたら、キッチンペーパーで拭き取る。

Point

ここで背脂の部分をしっかりと焼き、脂を抜くのがポイントです。

1h

弱火で1時間煮る

3h

冷めたら冷蔵庫で一晩おく

↓ 水から火にかけて煮立たせる

5.

鍋に4の豚肉、かぶるくらいの水(約1.2L)、長ねぎ、しょうが、酒を入れて中火にかける。煮立ったらアクを取り除き、蓋をして弱火で1時間ほど煮る。そのまま冷まし、鍋ごと冷蔵庫で一晩おく。

Point

一晩おくことで、ゆで汁に溶け出した余分な脂が白くかたまり、取り除きやすくなります。

DAY2

0min.

浮いた脂を取り除く

↓ 脂を取り除く

6.

浮いた白い脂を丁寧に取り除く。長ねぎ、しょうがも取り除いておく。

Point

白い脂を取り除くと、豚の旨味が凝縮したスープができあがります。これを使って豚バラ肉を煮ると、後味はすっきりとしているのに旨味が濃い仕上がりに。

5min.

調味料を加えて煮る

↓ 先にみりんを加え、しょうゆはあとで加える

7.

みりんを加えて中火にかける。ひと煮立ちしたら弱火にし、10分ほど煮て、塩、しょうゆを加える。落とし蓋をして40分ほど煮る。

Point

みりんを先に加えるのは、豚肉をやわらかくするためと、甘みをじんわりとしみ込ませるため。しょうゆを最後に加えるのは、風味や香りを生かすためです。

55min.　3h55min.

冷まして味をしみ込ませる

完成

8.

火からおろして、そのまま2～3時間しっかり冷ます。食べる直前に食べやすい大きさに切って煮汁ごと鍋で温め直す。彩りに塩ゆでした菜の花などの青みを添えても。

保存するときは

切り分けると空気に触れる面積が大きくなって味が落ちやすいので、かたまりのまま保存して、食べる直前に切ります。肉が乾かないように、煮汁ごと密閉保存を。ジッパーつきの保存袋がおすすめです。保存の目安は約4日。

かたまり肉を豪快に焼き上げるローストポーク。
フライパンで表面をカリッと焼きつけたあと、
低温のオーブンで中までじっくり火を通します。
アルミホイルで包んで余熱で火を通せば、
驚くほどしっとりジューシーな仕上がりに。

ローストポーク

じんわり&じっくり中まで火を通す

【材料（作りやすい分量）】

豚肩ロースかたまり肉 ＿ 700g
塩 ＿ 小さじ1
A
赤ワイン ＿ 100ml
しょうゆ ＿ 大さじ1
塩 ＿ 小さじ1/3
オリーブ油 ＿ 小さじ2
マッシュポテト ＿ 適宜

【作り方】

0min.

豚肉に塩をすり込む

オーブンを130℃に予熱しておく

35min.

フライパンで脂身から焼き始める

1.

豚肉は冷蔵庫から取り出し、30分ほどおいて室温に戻し、全体に塩をしっかりとすり込む。

2.

オーブン対応のフライパンにオリーブ油を中火で熱し、豚肉を脂身の部分から焼き始める。余分な脂が出てきたら、キッチンペーパーで拭き取る。脂が抜け、こんがりと焼き色がつくまで焼く。

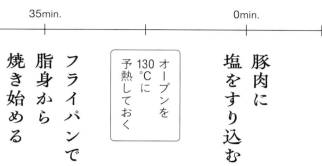

45min.

全面に焼き色をつける

3.

脂身の部分にこんがりと焼き色がついたら、ほかの面も焼いていき、肉の全面に焼き色をつける。

55min.

オーブンで1時間焼く

4.

肉の脂身の部分を上にして、フライパンごと天板にのせ、130℃に予熱したオーブンで1時間ほど焼く。

Point

フライパンで焼くだけでは中心まで火が通りにくいので、オーブンで加熱してゆっくりと中まで火を通します。脂身の部分を上にしてオーブンで焼くことで、脂を焼き切ることができます。オーブン対応のフライパンがない場合は、天板にオーブンシートを敷き、肉をのせて同様に焼きましょう。

1h55min.

アルミホイルで包んでそのままおく

5.

焼き上がったらオーブンから肉を取り出して、アルミホイルで包む。オーブンに戻し、粗熱が取れるまでそのままおく。

Point

アルミホイルで包むのは、肉の温度を急激に下げずに、余熱でじんわりと中まで火を通すため。オーブンに戻すときは、電源はオフのまま。庫内の余熱でじんわり火を通します。

2h45min. 2h35min.

完成

好みの厚さに切る

6.

肉を取り出し、フライパンをキッチンペーパーでさっと拭いてきれいにし、アルミホイルに出た肉汁とAを合わせて中火で煮立たせ、2〜3分煮詰めてソースを作る。好みの厚さに肉を切って器に盛り、ソースを添える。好みでマッシュポテトを添えても。

HOW TO EAT

ローストポークのりんごソテー添え

フライパンにオリーブ油適量を熱し、好みの厚さに切ったローストポーク、スライスしたりんごをさっと焼く。器に盛り、好みでイタリアンパセリ、粗挽き黒こしょう、オリーブ油をかける。

保存するときは

かたまりのまま、ジッパーつきの保存袋に入れて冷蔵庫で保存するか、ラップでぴっちりと包み、冷凍用保存袋に入れて冷凍庫で保存を。冷蔵で4日ほど、冷凍で3週間ほど日持ちします。

CRISTEL

コンビーフ

（作り方は次のページへ）

香味野菜などをもみ込んだ牛肉を冷蔵庫で
3日間寝かせて、あとはコトコト煮ていくだけ。
時間はかかるけれど、工程が簡単なのがうれしいところ。
粗熱が取れたら、フォークでほぐす作業も楽しんで。
バゲットやピクルスを添えていただくほか、
サラダやサンドイッチの具としてもおすすめです。

香味野菜をもみ込んでジューシーに

コンビーフ

【材料（作りやすい分量）】

牛ももかたまり肉＿600g

塩＿大さじ1

にんにく（すりおろし）＿1かけ分

A

- 玉ねぎ（すりおろし）＿1/2個分
- セロリ（すりおろし）＿1/2本分

セロリの葉＿3〜4枚

ローリエ＿2枚

白ワイン＿100ml

【作り方】

DAY1

0min.

牛肉に塩とにんにくをすり込む

10min.

すりおろした香味野菜をもみ込む

20min.

冷蔵庫で3日間寝かせる

1.

牛肉は、塩とにんにくをしっかりとすり込む。

Point

塩漬けの牛肉を意味するコンビーフは、しっかり塩をすり込んで味をつけます。

2.

大きめの保存袋に1の牛肉を入れ、A、ローリエ、白ワインを加えてよくもみ込み、空気を抜いて口を閉め、冷蔵庫で3日間寝かせる。

3DAYS LATER

0min. 鍋に入れ2時間煮る

2h 冷めたらほぐす

3h 完成

3.

鍋に2の牛肉を漬け汁ごと入れ、セロリの葉、水800mlを加え、中火にかける。ひと煮立ちしたら、アクを取って弱火にし、蓋をして2時間ほど煮る。

4.

そのまま冷まし、牛肉が人肌に冷めたらゆで汁から取り出し、なるべく直接手を触れないようにトングやフォークを使って食べやすくほぐす。

保存するときは

細かくほぐしてから、煮沸消毒した瓶などで保存し、早めに食べ切ります。冷凍用保存袋に小分けにして入れ、冷凍しておいても便利です。

HOW TO EAT

玉ねぎとコンビーフのサラダ

ほぐしたコンビーフ適量、薄切りにしてさっと水にさらした紫玉ねぎ1/4個分、パセリのみじん切り少々、白ワインビネガー大さじ1、塩小さじ1/4、粗挽き黒こしょう少々、オリーブオイル大さじ1を混ぜ、器に盛り、半分に切った半熟卵を添える。

時間をかけて、ひとつひとつの工程を丁寧に
進めることで、極上の味わいになるタンシチュー。
牛タンブロックは、通販などで入手可能なので
じっくり料理と向き合いたい日におすすめです。
このおいしさの感動を、ぜひ味わってください。

時間をかけてこその濃厚なコクと旨味

タンシチュー

【材料（作りやすい分量／5〜6皿分）**】**

牛タンブロック（皮処理済み）
　＿1本（約1kg）

玉ねぎ＿1と1/2個

セロリ（茎の部分）＿1本分

にんにく＿1かけ

A

- セロリの葉＿3枚
- パセリの茎＿2本
- ローリエ＿2枚

小麦粉＿150g

サラダ油＿70ml

オリーブ油＿小さじ1

B

- 赤ワイン＿400ml
- トマト水煮缶＿1缶（400g）

C

- ウスターソース＿大さじ3
- トマトケチャップ＿大さじ2

塩＿適量

バター＿20g

【作り方】

0min.

牛タンの血抜きをし、野菜を切る

1.

牛タンは、水に30分ほど浸して血抜きをし、水洗いをして水けを拭く。玉ねぎは1/2個分をくし形切り、1個分を薄切りにする。セロリの茎は薄切り、にんにくはみじん切りにする。

30min.

牛タンを下ゆでする

2.

鍋に**1**の牛タン、A、くし形切りにした玉ねぎ、かぶるくらいの水を入れて中火にかけ、ひと煮立ちしたら蓋をして90分ほどゆでる。牛タンに竹串を刺し、スッと通るくらいまでゆでたら、そのまま冷ます。

35min.

ルウを作る

3.

小鍋（またはフライパン）にサラダ油を熱し、小麦粉を加えて弱火で30〜40分炒める。ときどき混ぜながら、つやよくチョコレート色になるまで炒める。

1h20min.

ソースを作る

4.

別の小鍋（またはフライパン）にオリーブ油とにんにくを入れて中火で熱し、香りが出てきたら薄切りにした玉ねぎとセロリを加え、透き通るまで炒める。Bを加えてひと煮立ちさせてアクを取り除き、蓋をして弱めの中火で10分ほど煮る。

Point

ソースは別の鍋かフライパンで作ります。にんにくの香りをしっかりオリーブ油に移しましょう。

2h

牛タンに竹串を刺し、スッと通ったら、そのまま冷ます

2h10min.

ソースを攪拌してルウと合わせる

5.

4をミキサーかフードプロセッサーに移し、なめらかになるまで攪拌したら小鍋に戻し入れ、C、3のルウ、塩小さじ1/4〜1/3を加えて、煮立たせながら溶かしてなじませる。

Point

口当たりのよいソースにするためにしっかり攪拌します。あとでバターを加えますので、ここでは塩の量は控えめにしておきましょう。

2h30min.

ゆでた牛タンを切り分ける

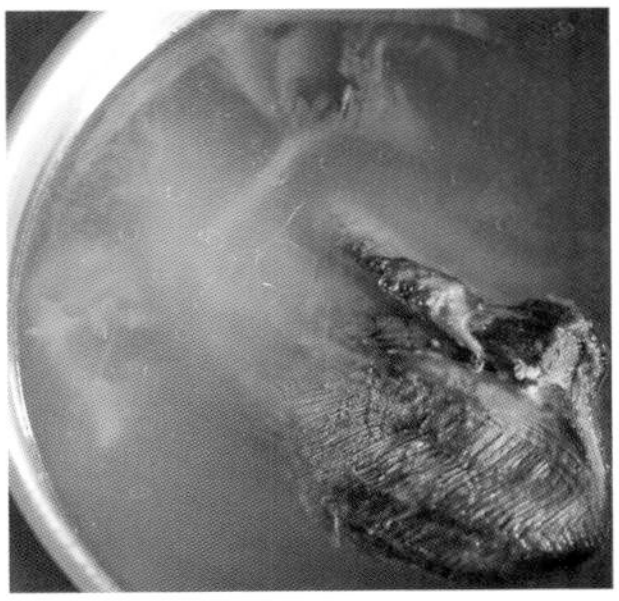

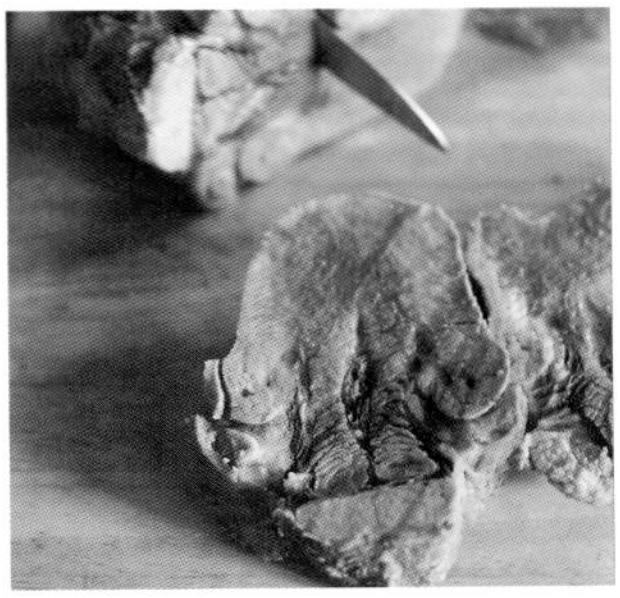

6.

牛タンの粗熱が取れたら鍋から取り出す。アクがついていたら流水で洗い流し、好みの厚さに切り分ける。

Point

厚さは好みでOKですが、厚めに切ると見た目にもボリュームが出ます。この状態で左の写真のようにアレンジしていただいても。

2h35min.

ソースに牛タンを加えて煮る

7.

5のソースに6の牛タンを加えて、弱火で15分ほどとろりとするまで煮る。バターを加え、塩少量で味をととのえる。

2h50min.

完成

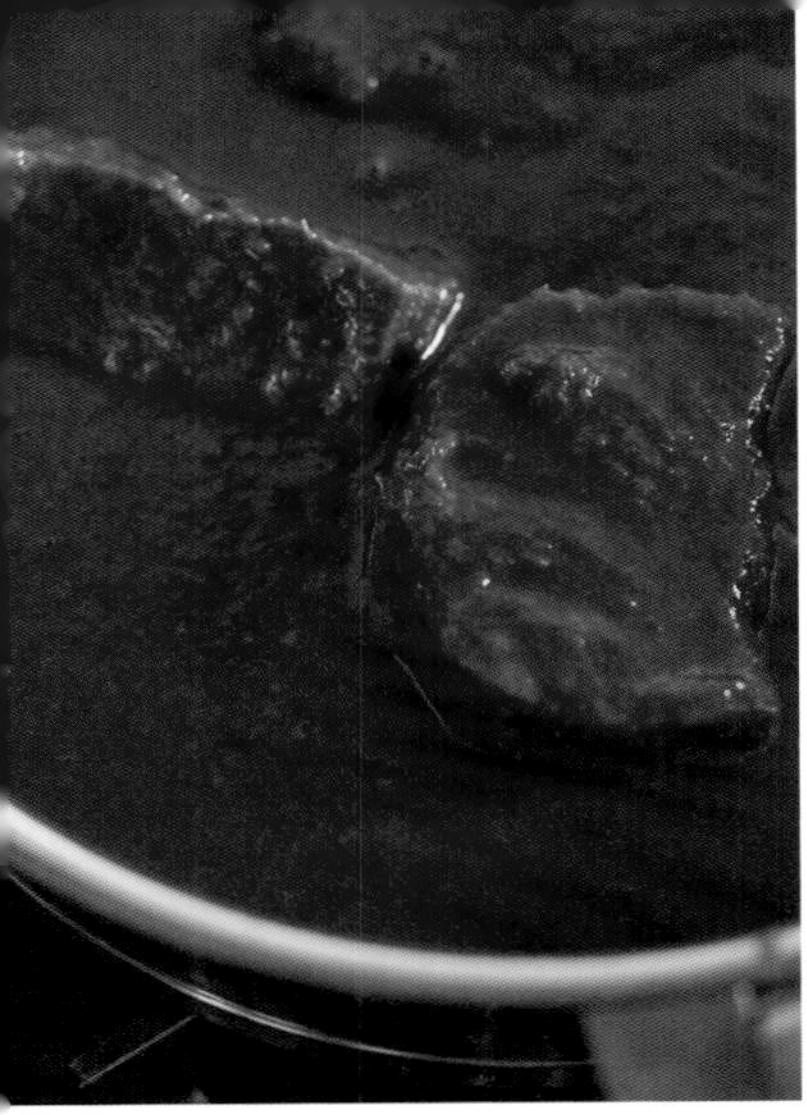

ARRANGE

ゆで牛タンのねぎ塩がけ

長ねぎの小口切り10cm分、ごま油小さじ2、塩・こしょう各少々を混ぜ合わせてねぎ塩ダレを作る。ゆでた牛タンを切り分けて器に盛り、タレをかけていただく。

保存するときは

ゆでた牛タン、タンシチューとも、すぐに食べない分は保存容器などに入れて冷凍しても。保存期間は1カ月が目安。

牛すじ肉が手に入ったら、まとめて下ゆでしておくと
煮込みやおでんなどに使えるのでおすすめです。
このレシピで合わせる具材は、玉ねぎ、ごぼう、こんにゃくと
シンプルですが、牛すじの旨味がたっぷりしみて
たまらぬおいしさ。お気に入りの日本酒と一緒にどうぞ。

牛すじ煮込み

とろとろの牛すじを味わえる

【材料（作りやすい分量）】

牛すじ肉＿500g
こんにゃく＿1枚（200g）
玉ねぎ＿1個
ごぼう＿1本
しょうが（せん切り）＿1かけ分
にんにく（薄切り）＿1かけ分
酒＿100ml
しょうゆ＿大さじ1
ごま油＿小さじ2
長ねぎ（小口切り）＿適宜
七味唐辛子＿適宜

食材info

牛肉の中でも高たんぱくで低脂質

煮込んだときにとろとろになるのは、コラーゲンを含んでいるから。牛肉の中では比較的安価に手に入り、高たんぱくで低脂質なうえにビタミンやミネラルも豊富です。

【作り方】

0min.

牛すじを下ゆでして切る

1.

鍋に湯800mlを沸騰させて酒大さじ2（分量外）を入れ、牛すじを加えてひと煮立ちさせる。中火で12分ほどゆで、流水で汚れを取り除く。食べやすい大きさに切り、水けをきる。

Point

ゆでるとアクがたくさん出てくるので、アクごとザルに上げ、流水で洗い流して取り除きましょう。

15min.

こんにゃく、野菜を切る

↓ こぶしでたたいてからちぎる

2.

こんにゃくは5分ほど下ゆでし、こぶしで表面をたたいてからスプーンで一口大にちぎる。玉ねぎは2cm角に切る。ごぼうは皮を包丁の背でこそげて乱切りにし、水に3分ほどさらし、水けをきる。

Point

こんにゃくは下ゆでしてアクを抜き、たたいてからちぎることで、味がしみ込みやすくなります。

25min.

牛すじ、野菜、こんにゃくを炒める

↓ 牛すじと玉ねぎを先に炒める

3.

鍋にしょうが、にんにく、ごま油を入れ、中火にかける。香りが立ったら牛すじと玉ねぎを入れて炒め、玉ねぎが透き通ったら、水けをきったごぼう、こんにゃくを加える。全体に油がなじむまで炒める。

Point

まず牛すじと玉ねぎを炒めることで、肉の旨味と玉ねぎの甘みを引き出します。

35min.

酒を加え、アクを取って煮る

4.

酒を加え、アクを取りながらひと煮立ちさせる。弱火にして蓋をし、50分ほど煮る。

Point

酒をたっぷり加えて、ゆっくり煮ることで、煮汁の旨味を具材にしみ込ませます。

1h25min.

しょうゆを加え、10分煮る

1h35min.

完成

5.

仕上げにしょうゆを加え、さらに弱火で10分ほど煮る。器に盛り、好みで水にさらした長ねぎを添え、七味唐辛子をふる。

保存するときは

牛すじ肉はまとめて下ゆでし、すぐに食べない分は、アクを取り除いたゆで汁と一緒に保存容器に入れて冷蔵庫で保存するか、冷凍用保存袋に入れて冷凍保存がおすすめ。保存期間は、冷蔵で2〜3日、冷凍で1カ月が目安です。冷凍保存したときは、湯せんで解凍すると、牛すじがかたくなりにくいので、おすすめです。

もつ煮は時間をかけて作るとおいしさも格別です。
まずは、牛もつの下ごしらえを丁寧に行うことで、
臭みがなく、すっきりとしたコクのある味わいに。
たっぷりの根菜と一緒に煮込んだみそ仕立ての一品を
今晩のおかずやお酒のあてにお出ししましょう。

もつ煮

（作り方は次のページへ）

下ごしらえを丁寧に

もつ煮

【材料（作りやすい分量）**】**

牛白もつ（小腸）＿500g
塩＿適量
こんにゃく＿1枚（200g）
大根＿1/4本（250g）
にんじん＿小1本（100g）
しょうが＿1かけ

A
- 水＿500ml
- 昆布＿5cm角1枚
- 酒＿50ml
- みりん＿50ml
- 長ねぎ（青い部分）＿1本分

みそ＿大さじ2
しょうゆ＿大さじ1
小ねぎ（小口切り）＿適量
七味唐辛子＿適宜

食材info

見た目がきれいで新鮮なもつを手に入れて

レバーや心臓などの赤もつに比べ、小腸などの白もつは、もつの中でも比較的クセが少なめ。ぷりっとした食感ととろける脂身が特徴です。見た目がきれいで新鮮なものを選びましょう。

【作り方】

0min.

牛もつをよく洗う

↓ 2回繰り返して洗う

1.
ボウルに牛もつ、塩大さじ1を入れ、もつ全体にしっかりともみ込み、流水で洗う。これを2回繰り返し、しっかりと洗い流す。

Point
塩をもみ込むことで、においだけでなく、ぬめりも一緒に取り除くことができます。

10min.

牛もつを下ゆでする

2.
鍋に湯を沸騰させてもつを入れる。再び煮立ってアクが出てきたらザルに上げ、しっかりと水けを拭く。

Point
ゆですぎるとかたくなったり、風味がなくなるので、再沸騰したらザルに上げましょう。

15min.

こんにゃくと野菜を切る

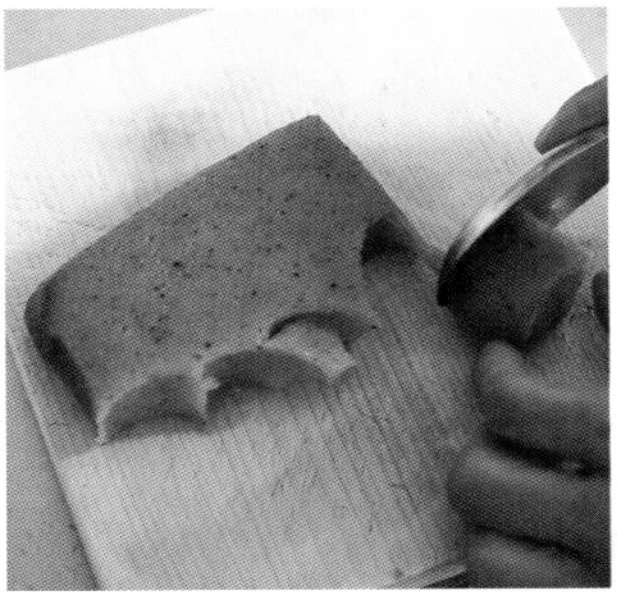

3.

こんにゃくは5分ほど下ゆでし、こぶしで表面をたたいてからスプーンで一口大にちぎる。大根とにんじんは7〜8mm厚さのいちょう切りにする。しょうがはせん切りにする。

Point

こんにゃくは下ゆでしてアクを抜き、たたいてからちぎることで味をしみ込みやすくします。

20min.

鍋に材料を入れ、弱火で煮込む

↓ 30分ほど煮る

4.

2、3、Aを鍋に入れ、弱火で30分ほど煮たら、みそを溶き入れ、さらに弱火で30分ほど煮る。そのまま冷めるまでおいておく。

Point

野菜などがやわらかくなってからみそを入れると、味がよくしみ込みます。

1h20min.

しょうゆを加えて煮る

5.

最後にしょうゆを加え、さっと煮る。器に盛り、小ねぎを散らし、好みで七味唐辛子をふる。

1h30min.

完成

コリコムタンは、牛の尻尾を弱火でコトコト、
長い時間をかけて煮出した韓国料理のスープのこと。
時間をかけて煮込むことで、旨味が溶け出し、
濃厚なスープに仕上がります。冷蔵庫で一晩寝かせて
余分な脂を取り除けば、すっきりとした味わいに。

やさしい味わいの牛テールスープ

コリコムタン

【材料（作りやすい分量／4皿分）】

牛テール＿3〜4個（800g）
長ねぎ（青い部分）＿3〜4本分
しょうが（皮つき／薄切り）
＿1かけ分
にんにく（つぶす）＿1かけ
紹興酒＿50ml
長ねぎ（白い部分／小口切り）
＿1本分
塩＿適宜

食材info

骨から出る旨味を味わう

韓国料理ではおなじみの牛テールには、ビタミン、ミネラルが豊富に含まれています。骨からしみ出る旨味を味わうにはスープにするのが最適です。スーパーなどではあまり見かけませんが、精肉店などで取り寄せ可能な場合もあるので、聞いてみましょう。

【作り方】

DAY1

0min.

牛テールを血抜きしてよく洗う

1.

牛テールは5%濃度の塩水に1時間ほど浸して、血抜きをし、流水でしっかりと洗う。

Point

ここでしっかり塩水に浸し、流水で洗うことで臭みを取ることができます。

1h

牛テールを下ゆでする

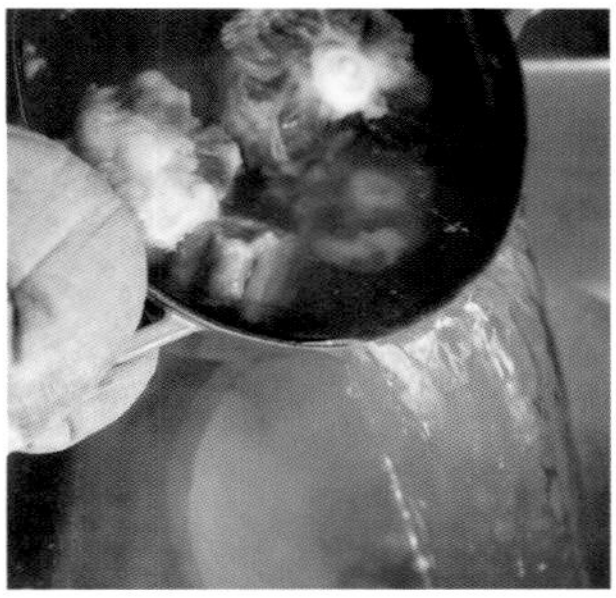

2.

鍋に**1**と水1Lを入れ、中火にかける。煮立ったらアクを取り除き、10分ほどゆでてザルに上げ、さらに流水でしっかりと洗う。

Point

血や汚れがついていたら、流水でしっかり洗って取り除くと、雑味のないスープに仕上がります。

1h20min.

牛テールを6時間煮る

3.

鍋に**2**を入れ、長ねぎの青い部分、しょうが、にんにく、紹興酒、水3Lを入れて中火にかける。煮立ったら弱火にして、蓋をしてコトコトと6時間ほど煮る。途中で7〜8回、アクを取り除く。

Point

煮立ってからも火が強いとスープがにごるので、弱火を保ってじっくり旨味を煮出しましょう。

7h20min.

ザルでスープをこして冷ます

4.

ザルでこし、肉とスープを別にし、長ねぎの青い部分は取り除く。冷めたら再び鍋に肉とスープを合わせて冷蔵庫で一晩寝かせる。

Point

肉に脂がつかないように、いったん別々に冷まします。

冷蔵庫で一晩寝かせる

DAY2

0min.

脂を取り除き、温めていただく

↓ 脂を取り除く

5.

表面に浮いた脂を取り除いて、中火にかけて温める。器に肉を盛り、スープをかけ、水にさらした長ねぎの白い部分をのせ、好みで塩を添えていただく。

Point

牛テール本来の旨味を味わえるように、酒と香味野菜以外は加えていないので、食べるときに好みで塩を加えて召し上がってください。

10min.

完成

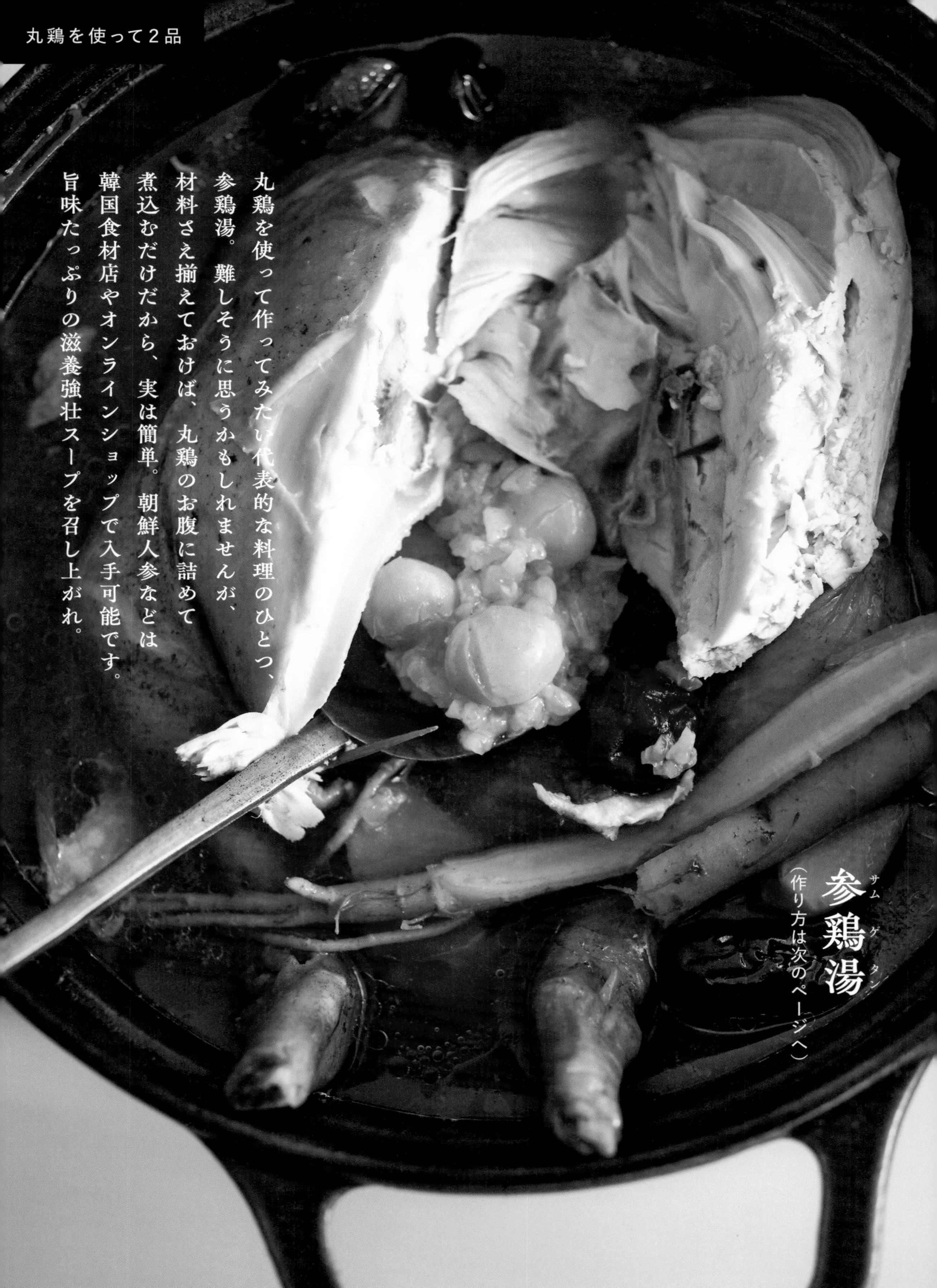

参《サム》鶏《ゲ》湯《タン》

（作り方は次のページへ）

丸鶏を使って作ってみたい代表的な料理のひとつ、参鶏湯。難しそうに思うかもしれませんが、材料さえ揃えておけば、丸鶏のお腹に詰めて煮込むだけだから、実は簡単。朝鮮人参などは韓国食材店やオンラインショップで入手可能です。旨味たっぷりの滋養強壮スープを召し上がれ。

ホロホロ肉と滋味深いスープ

参《サム》鶏《ゲ》湯《タン》

【材料（作りやすい分量／5〜6皿分）】

丸鶏（頭と足先を落として内臓を除いたもの）＿小〜中1羽（800g〜1kg）
干ししいたけ＿2枚
もち米＿大さじ3
塩＿適量

A
- ゆでぎんなん＿7〜8個
- 生なつめ＿3〜4個
- 生むき栗＿3個

朝鮮人参＿2本

B
- にんにく（つぶす）＿1かけ
- しょうが（薄切り）＿1かけ分
- 長ねぎ（青い部分）＿2〜3本分

紹興酒＿80ml
長ねぎ（白髪ねぎ）＿適量

【作り方】

0min.
もち米は洗って30分ほど水に浸けておく

30min.
丸鶏は洗って水けを拭く

干ししいたけは水で戻す

40min.
丸鶏のお腹に具材を詰める

1.

丸鶏はぼんじり、余分な首の皮を切り落とす。流水で余分な脂や血合いを除きながら、お腹の中をきれいに洗う。洗い終わったら、キッチンペーパーで全体の水けを拭く。お腹の中もしっかり水けを拭き取る。干ししいたけは水で戻し、戻し汁は取っておく。

Point

ぼんじりは、尻尾のつけ根、尾骨あたりについている三角形の肉のこと。ぼんじりや首の皮は脂が多いので取り除きます。

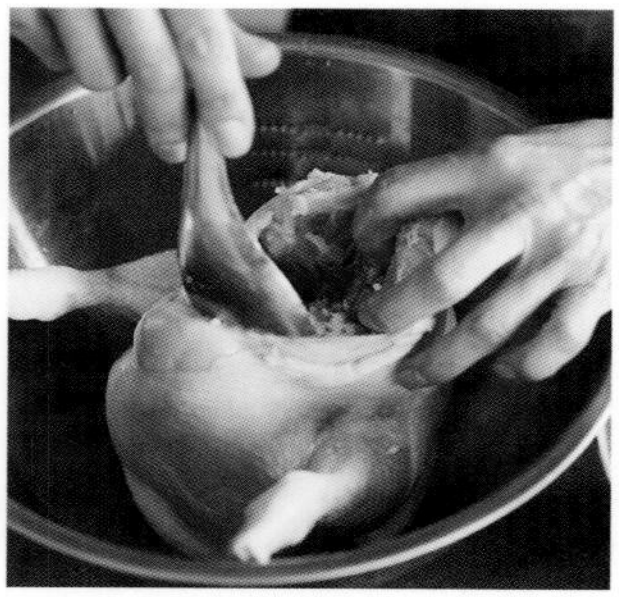

2.

もち米に塩少々を入れて混ぜ、Aを加えて混ぜ合わせ、丸鶏のお腹に詰める。8分目まで詰めるのが目安。

Point

丸鶏のお腹にぎんなんやなつめ、栗を詰めることで、肉の内側からしっかり具材の味がつきます。

1h

楊枝で留めて足を交差させる

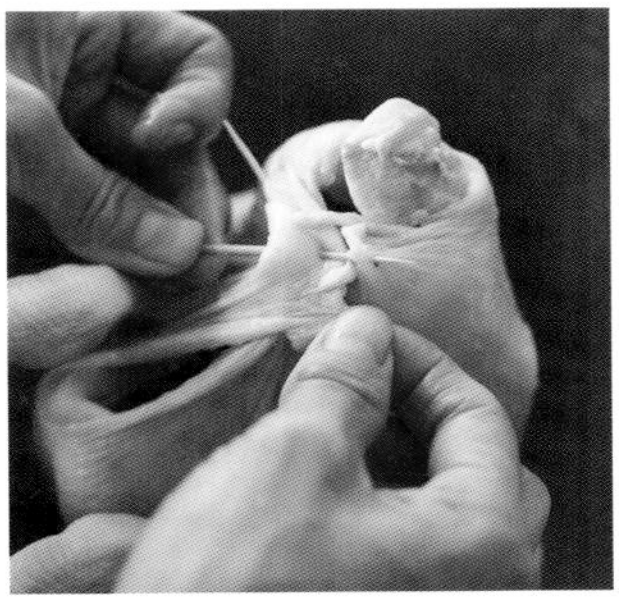

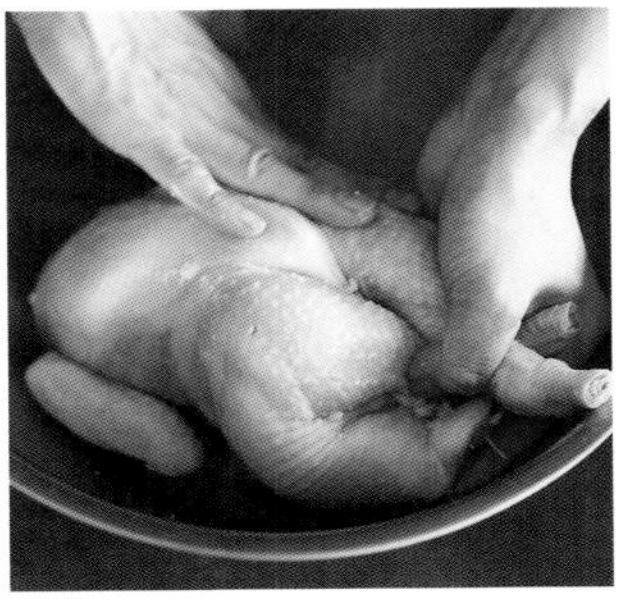

3.

首の皮を引っ張りながら、楊枝を使ってなみ縫いの要領で刺し、もう一本の楊枝も同様にしてクロスするように留め、首の穴をふさぐ。塩小さじ1/2を全体にまぶし、腹側を上にして両足を組むように交差させる。

Point

鍋に入れやすくするために足を交差させます。

1h10min.

鍋に入れ残りの材料を加える

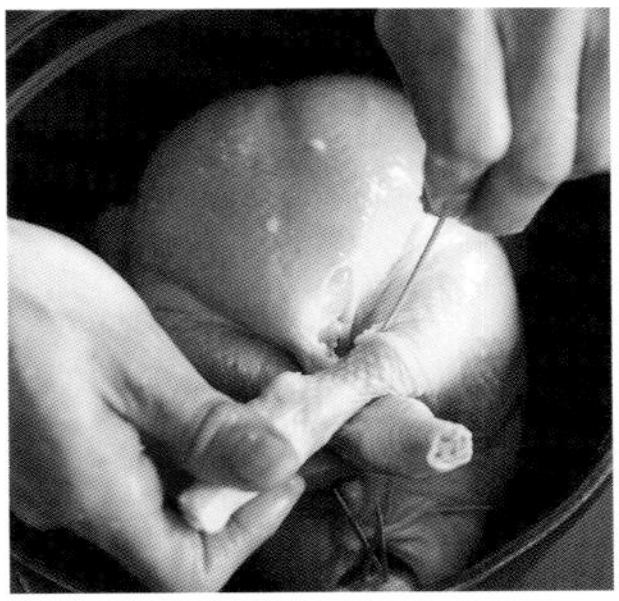

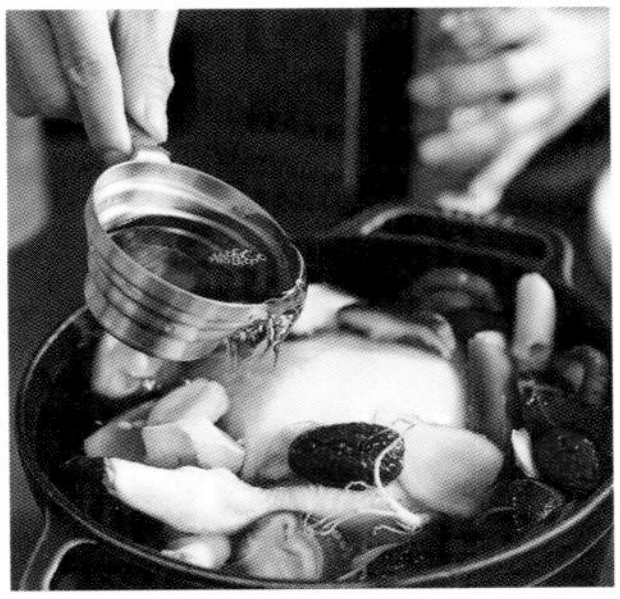

4.

鍋に3を入れ、足を楊枝で刺して留める。軸を取って2つに切った干ししいたけ、縦半分に切った朝鮮人参、Bを入れ、干ししいたけの戻し汁と水合わせて1.2Lを注ぎ、紹興酒を加える。強火にかけ、煮立ったら中火にする。

Point

お腹に詰めきれなかった具材は、鍋に加えて煮込んでも。朝鮮人参はたわしなどで洗ってから使いましょう。

1h30min.

アクを取りながら煮込む

5h30min.

完成

5.

アクが出てきたら取り除き、蓋をして弱火にし、3〜4時間じっくり煮込む。器に取り分け、塩適量を添えて白髪ねぎをのせる。

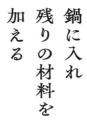

スタッフドローストチキン

（作り方はP40へ）

丸鶏の料理として、はずせないのがローストチキン。
クリスマスなど、人が集まる特別な日に作れば、
見た目も華やかでとても喜ばれます。
焼き上がりをテーブルにお出しして、その場で
切り分ければ、さらに盛り上がること間違いなし。

特別な日に作りたい

スタッフドローストチキン

【材料（作りやすい分量）】

丸鶏（頭と足先を落として内臓を除いたもの）＿大1羽（約1.2kg）
白米＿1/2合
玉ねぎ＿1/2個
にんにく＿1かけ
ブラウンマッシュルーム＿2〜3個
甘栗＿5〜6個（あれば）

A
白ワイン＿大さじ3
水＿100ml
塩＿小さじ1/2
ローリエ＿2枚

B
白ワイン＿大さじ2
塩＿小さじ1
粗挽き黒こしょう＿少々

バター＿20g
オリーブ油＿適量
じゃがいも＿3〜4個
ペコロス＿5〜6個（なければ、玉ねぎ1個でもOK）
イタリアンパセリ＿適量

【作り方】

0min.
詰め物の材料を用意する
じゃがいもは皮ごと蒸し器で5分ほど蒸しておく

15min.
詰め物を炒める

1.
白米は洗い、ザルに上げておく。玉ねぎ、にんにくはみじん切り、マッシュルームは4つ割りにする。甘栗はあれば用意する。じゃがいもは皮ごと蒸し器で5分ほど蒸しておく。

Point
甘栗はなければ入れなくても構いません。

2.
フライパンにオリーブ油を中火で熱し、にんにくを入れて香りが出るまで炒め、玉ねぎ、マッシュルーム、甘栗を加えてしんなりするまで炒める。A、白米を加えて水分がなくなるまで炒め、バットにあけ、バターをなじませて冷ます。

Point
最後にバターを加えると香りが加わるうえ、鶏肉に詰めやすくなります。米の代わりに6枚切り食パン2枚をちぎって入れてもOKです。

20min.

丸鶏を洗い、下味をつける

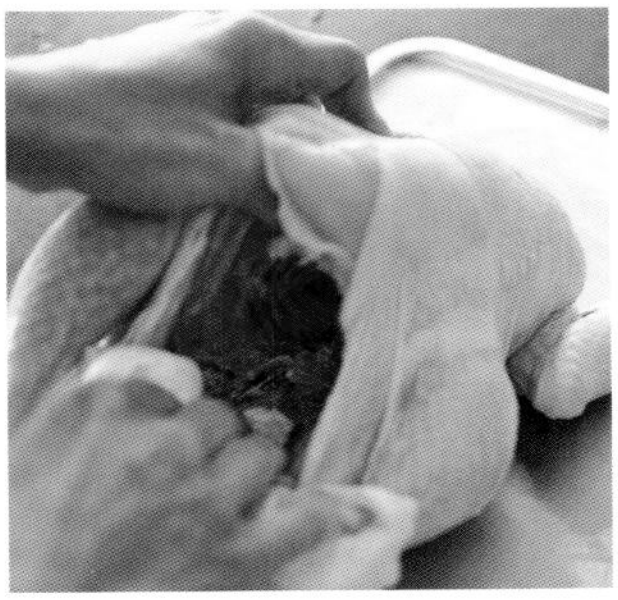

3.

丸鶏は、表面とお腹の中を念入りに洗い、水けをしっかりと拭く。鶏の表面とお腹の中にBをまぶしてなじませる。

Point

お腹の中もしっかりと拭き取り、汚れを取り除くのがポイントです。

45min.

詰め物を詰めて皮を閉じる

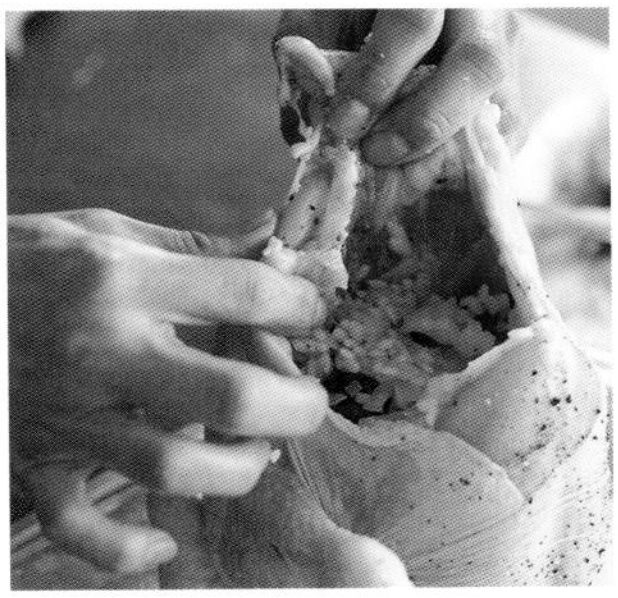

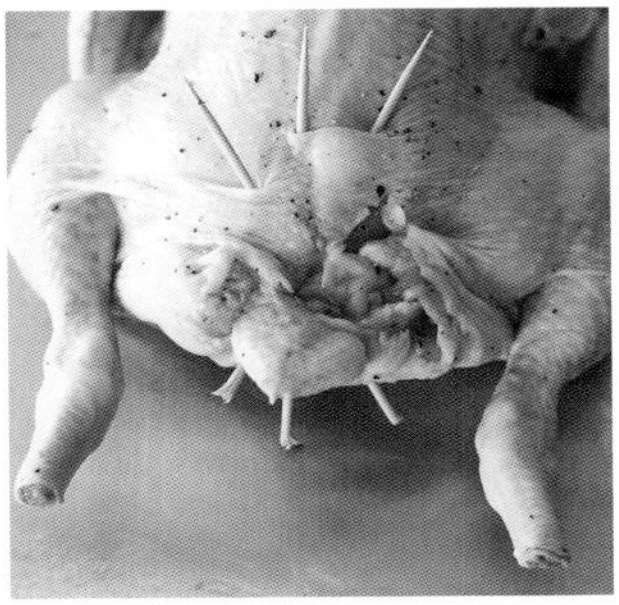

4.

3のお腹の中に、2を8分目まで詰めて、皮を閉じて楊枝または竹串でクロスさせるようにして留める。

Point

中身は8分目を目安に入れてしっかり閉じましょう。

50min.

手羽を広げて下に入れる

5.

手羽を広げ、丸鶏のお腹の下に入れて形をととのえる。

Point

焼き上がったときの形をイメージしてととのえましょう。

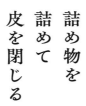

2h10min.　1h10min.　1h　55min.

丸鶏をタコ糸で縛る①

丸鶏をタコ糸で縛る②

オーブンを170℃に予熱しておく

オーブンで60分焼く

完成

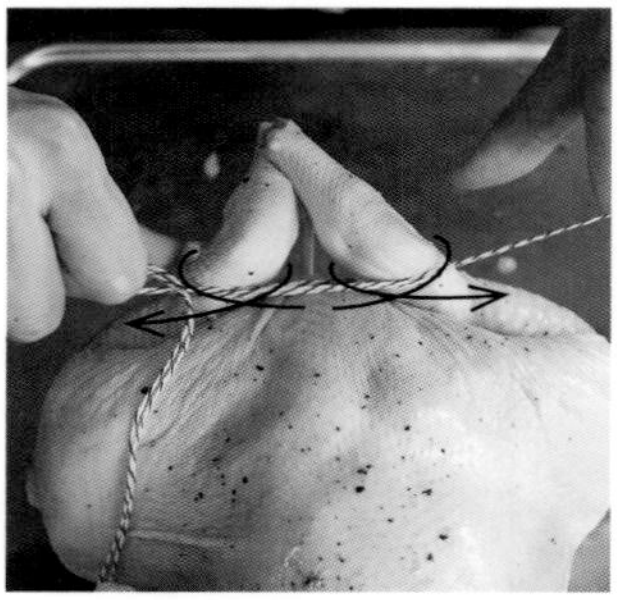

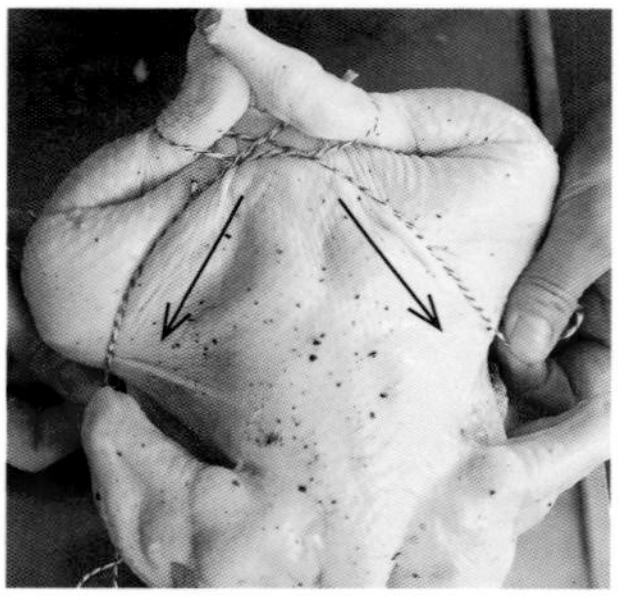

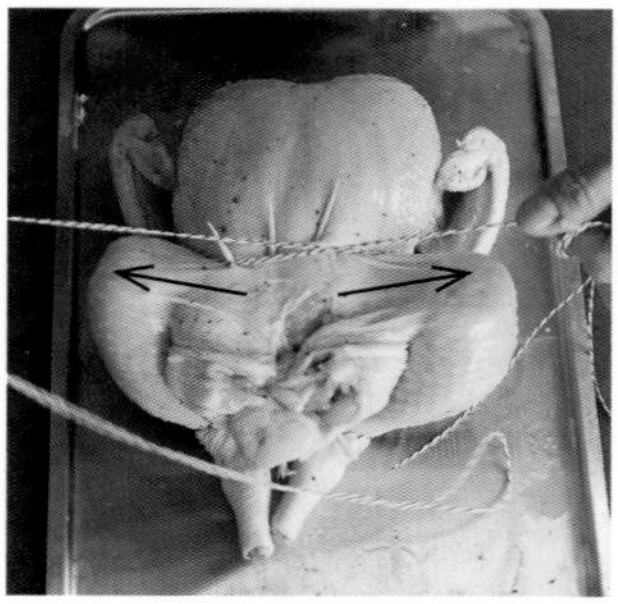

6.

タコ糸を1mほど用意する。タコ糸を丸鶏の足のつけ根の上からかけ、足にそれぞれ一周巻きつけて縛り、足を持ち上げながらクロスさせ、ももにタコ糸をかけてひっくり返して縛る。

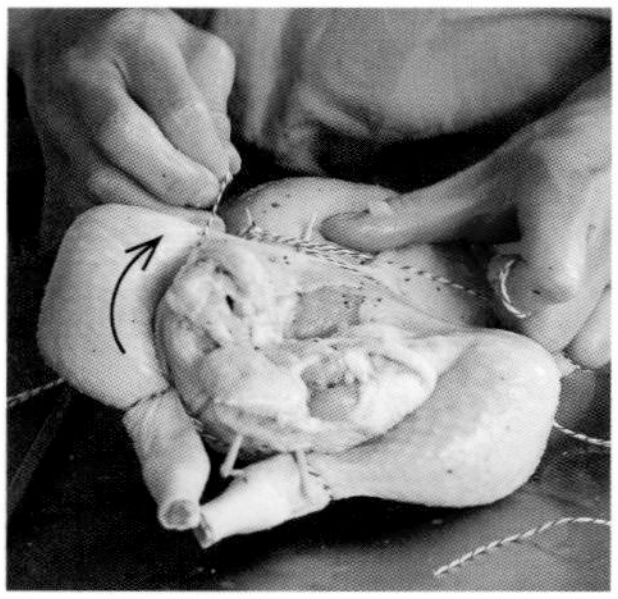

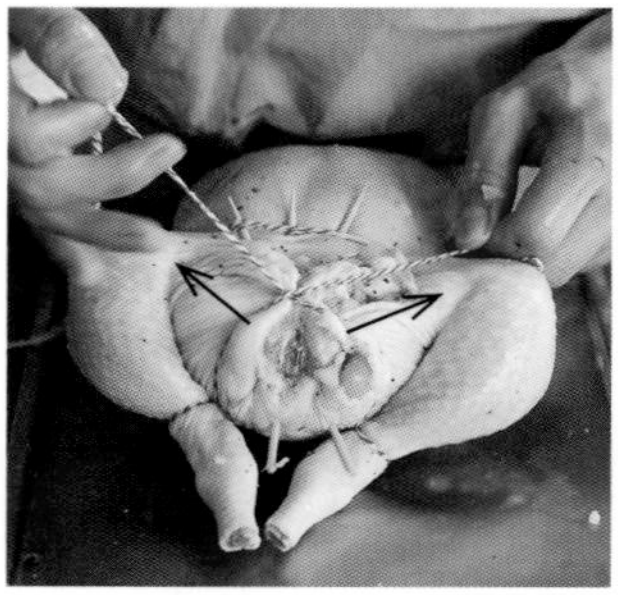

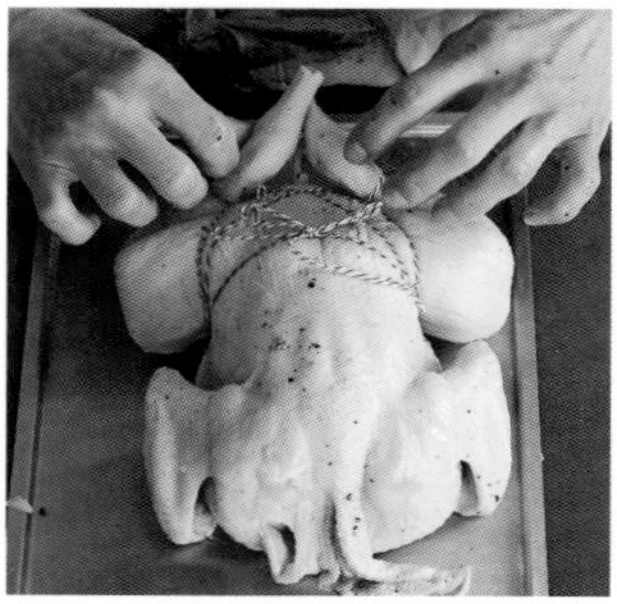

7.

両側のもも下から上にタコ糸を一周させ、ぼんじりの部分で縛る。再びひっくり返してタコ糸をしっかりと結ぶ。

Point

ぼんじりは、尻尾のつけ根についている三角形の肉のこと。

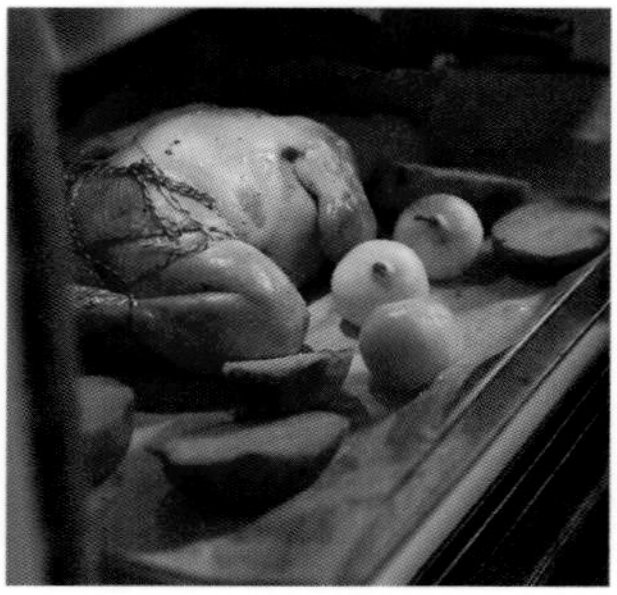

8.

オーブンシートを敷いた天板に7をのせ、170℃のオーブンで30分焼く。天板に落ちた脂を刷毛などで丸鶏全体に塗り、じゃがいもとペコロスを天板にのせ、さらに、170℃で30分焼く。途中で2〜3回取り出して同様に脂を塗り、焼き上げる。器に盛り、イタリアンパセリを添える。

かたまり肉でひき肉を作ってレストラン級

ハンバーグ

（作り方は次のページへ）

かたまり肉からひき肉を作るという特別感。
赤身肉に牛脂をミックスすると、
圧倒的な肉感とジューシーな旨味を感じられます。
表面をこんがりと焼いて肉汁を閉じ込めたら、
あとはオーブンでじんわりと火を通しましょう。

肉肉しくてジューシーな味わい

ハンバーグ

【材料（作りやすい分量／2個分）**】**

牛ももかたまり肉＿400g
牛脂（約3cm角）＿1〜2個
塩＿小さじ1/3
粗挽き黒こしょう＿少々

A
- 玉ねぎ（みじん切り）＿1/2個分
- パン粉＿1/2カップ
- ナツメグ＿少々
- 赤ワイン＿大さじ2
- 溶き卵＿1/2個分
- 冷水＿大さじ2

オリーブ油＿小さじ2

B
- 赤ワイン＿大さじ4
- しょうゆ＿大さじ1

じゃがいも＿適宜
クレソン＿適宜

【作り方】

0min.

牛肉を粗く刻む

1.

牛肉は大きめのざく切りにする。

10min.

牛肉をフードプロセッサーで攪拌する

↓ 牛肉はなめらかになるまでフードプロセッサーで攪拌する。

2.

フードプロセッサーに**1**の牛肉、塩、牛脂を入れ、なめらかになるまで攪拌し、ボウルに取り出す。

Point

牛もも肉は基本的には脂身の少ない赤身肉ですが、脂身が多いかたまりを購入したときには牛脂の量を1個に、赤身の多いかたまりの場合は、牛脂を2個入れましょう。

20min.

肉だねを作る

オーブンを200℃に予熱しておく

1h

フライパン&オーブンで焼く

1h10min.

ソースを煮詰めてからめる

1h20min.

完成

3.

2に粗挽き黒こしょう、Aを加えてよく混ぜ合わせ、ラップをして冷蔵庫で30分ほど休ませる。空気を抜きながら俵形に成形する。

↓ フライパンで焼き色をつけてからオーブンへ

4.

オーブン対応のフライパンにオリーブ油を中火で熱し、3を入れて表面全体に焼き色をつける。200℃に予熱したオーブンにフライパンごと入れて8分焼く。好みでつけ合わせのじゃがいもも一緒に焼く。

Point

オーブン対応のフライパンがない場合は、ここで耐熱皿やホーローのバットなどに移して焼く。

5.

フライパンを取り出し、余分な脂を拭き取る。Bを加えて中火にかけ、煮詰めてハンバーグにからめる。器に盛り、好みでクレソンを添える。

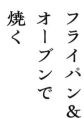

特別な日に作ってみたい鴨ロース肉を使った料理。
皮目をこんがり焼くことで余分な脂を出し、
さらに熱湯を回しかけてさっぱりとした味わいに。
そのまま煮汁でさっと煮て、余熱で火を通せば、
ロゼ色のしっとりとした状態に仕上がります。

しっとりとしてやわらかい肉感

鴨ロースのしょうゆ漬け

【材料（作りやすい分量）】

合鴨ロースかたまり肉
＿350〜400g

A
- 酒＿大さじ3
- みりん＿大さじ3
- しょうゆ＿大さじ3
- 塩＿ひとつまみ

せり＿適宜

食材info

かたまりの合鴨肉を入手するには

スーパーなどでカットした状態で売られていることが多い合鴨肉。かたまり肉は、精肉店などで注文するか、通販などを利用してみましょう。

【作り方】

0min.

鴨肉の下処理をする

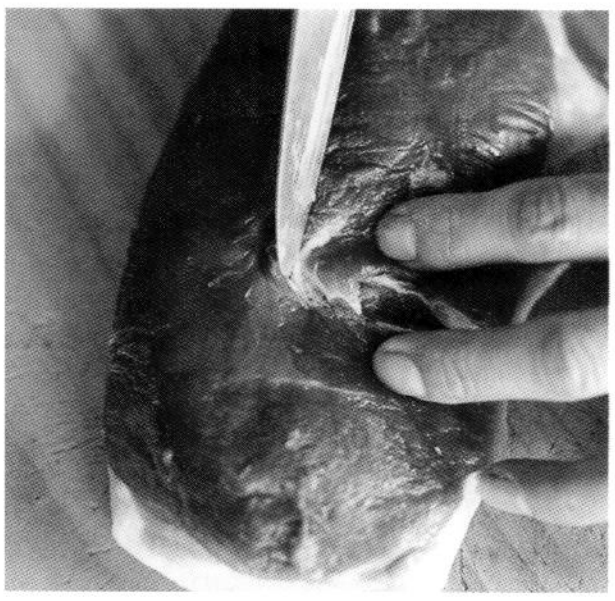

1.

鴨肉は冷蔵庫から取り出し、30分ほどおいて室温に戻す。キッチンペーパーで水けを拭き取り、筋の多いところは切り取る。皮目に7mm幅の切り目を格子状に入れる。

Point

筋の多いところは、包丁の切っ先を使って切り取り、さらに皮目に格子状の切り目を入れることで肉が反るのを防ぎます。

40min.

皮目から焼いて脂抜きをする

2.

フライパンを中火にかけ、皮目のほうからこんがりと焼き、ひっくり返してさっと焼く。ボウルに網などをセットし、皮目を上にしてのせ、熱湯を回しかけて脂抜きをする。

Point

フライパンで焼くときは油なしでOK。焦がさないように気をつけて焼き色をつけましょう。

55min.

鴨肉を煮て
アルミホイル
で包む

3.

鍋にAと2を入れ、蓋をして中火にかける。煮立ったら弱火にして5分ほど煮る。鴨肉を取り出し、アルミホイルで包んで粗熱が取れるまでおく。

Point

アルミホイルに包んでいる間に余熱で中まで火が通ります。アルミホイルに残った肉汁は、肉の中心部まで火が通る前に出た汁が含まれているので、捨てましょう。

1h10min.

煮汁に
鴨肉を漬ける

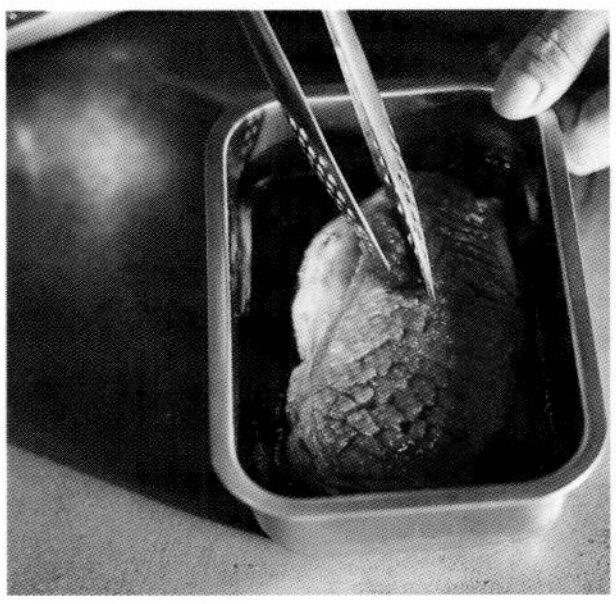

4.

アクを取り除いた煮汁を保存容器に入れ、粗熱が取れた鴨肉を30分以上漬ける。好みの厚さに切り、煮汁をかける。好みでざく切りにしたせりを添える。三つ葉などでも。

1h40min.

完成

保存するときは

かたまりのまま煮汁ごと保存容器に入れて冷蔵保存し、食べる前にアルミホイルで包んでオーブントースターで温めてから切りましょう。保存期間は5日を目安に早めに食べ切って。

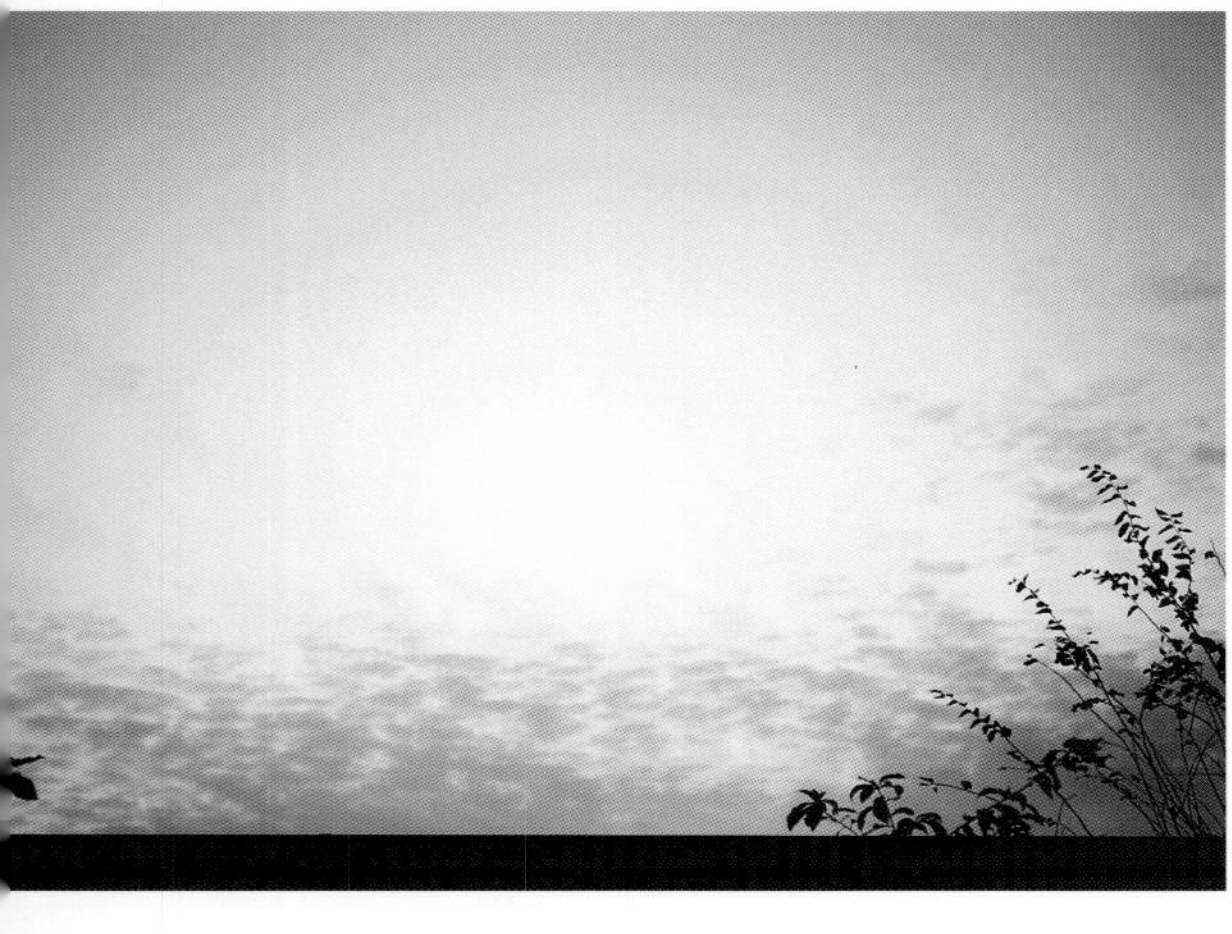

ラムラックの香草焼き

（作り方は次のページへ）

大人数で食卓を囲む日には、
かたまりのままオーブンで焼き上げたラムの香草焼きを。
塩と白ワインをなじませ、ローズマリーをのせて
冷蔵庫で一晩寝かせておけば、
あとは、香草パン粉をのせて、オーブンにおまかせ。
焼き上がったら、テーブルの上で切り分けて。

サクサク衣とレアな火入れが絶妙

ラムラックの香草焼き

【材料（作りやすい分量）】

フレンチラムラック（骨つきラムロースかたまり肉）＿700g
塩＿小さじ1と1/4
白ワイン＿大さじ6
ローズマリー＿2本
オリーブ油＿大さじ2
A
パン粉＿1カップ
オレガノ（乾燥）＿小さじ2
パセリ＿8g
にんにく＿1かけ
パルミジャーノレッジャーノ＿30g
粗挽き黒こしょう＿小さじ1/2
ディジョンマスタード＿大さじ2

【作り方】

DAY1

0min.

ラムラックに塩をすり込む

1.

ラムラックは冷蔵庫から取り出し、30分ほどおいて室温に戻し、塩小さじ1を全体によくすり込む。まず身側からすり込んで、骨の際なども忘れずにすり込む。脂身側も同様にする。

Point

ラムラックは背骨がついているものもあるので、精肉店などで取り寄せるときには、背骨のついていないフレンチラムラックを注文してください。

40min.

白ワインをふり、ローズマリーをのせ、ラップで包む

2.

白ワイン大さじ3を全体にもみ込み、脂身側を上にしてローズマリーをのせ、全体にしっかりめにラップをして冷蔵庫で一晩寝かせる。

Point

ラップでしっかり包むことで、ローズマリーの香りやワインの旨味が肉に浸透しやすくなります。

冷蔵庫で一晩寝かせる

0min.

香草パン粉を作る

3.

Aをフードプロセッサーで攪拌してボウルに入れ、白ワイン大さじ3、オリーブ油、塩小さじ1/4を加えて混ぜる。

Point

パン粉をしっかり細かくすることで、衣が肉につきやすくなります。

オーブンを200℃に予熱しておく

10min.

ラムラックに香草パン粉をのせて焼く

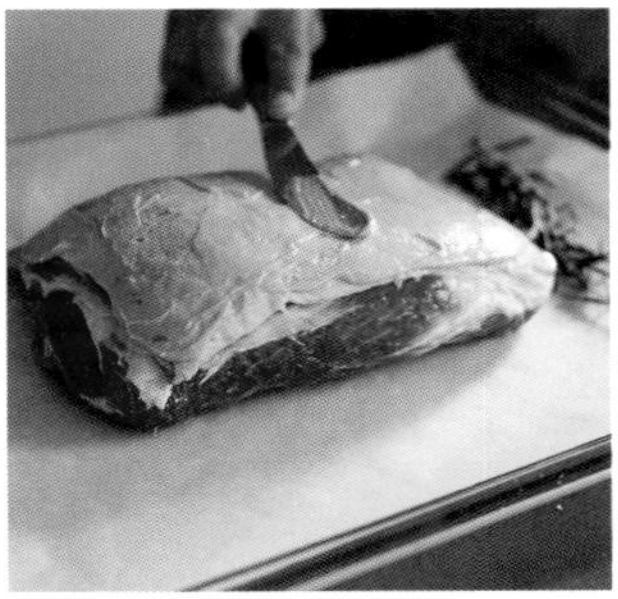

4.

天板にオーブンシートを敷き、**2**のラップをはずし、ローズマリーを取り出してのせる。ラムラックを脂身側を上にしてのせ、脂身の表面にマスタードを塗り、**3**の香草パン粉をのせ、しっかりと押さえつける。200℃に予熱したオーブンで20分焼く。

40min.

10分休ませ、切り分ける

5.

焼き上がったら取り出し、アルミホイルを上から全面にかぶせる。オーブンの中に戻して10分ほど休ませ、肉汁が落ち着いたら、切り分ける。

50min.

完成

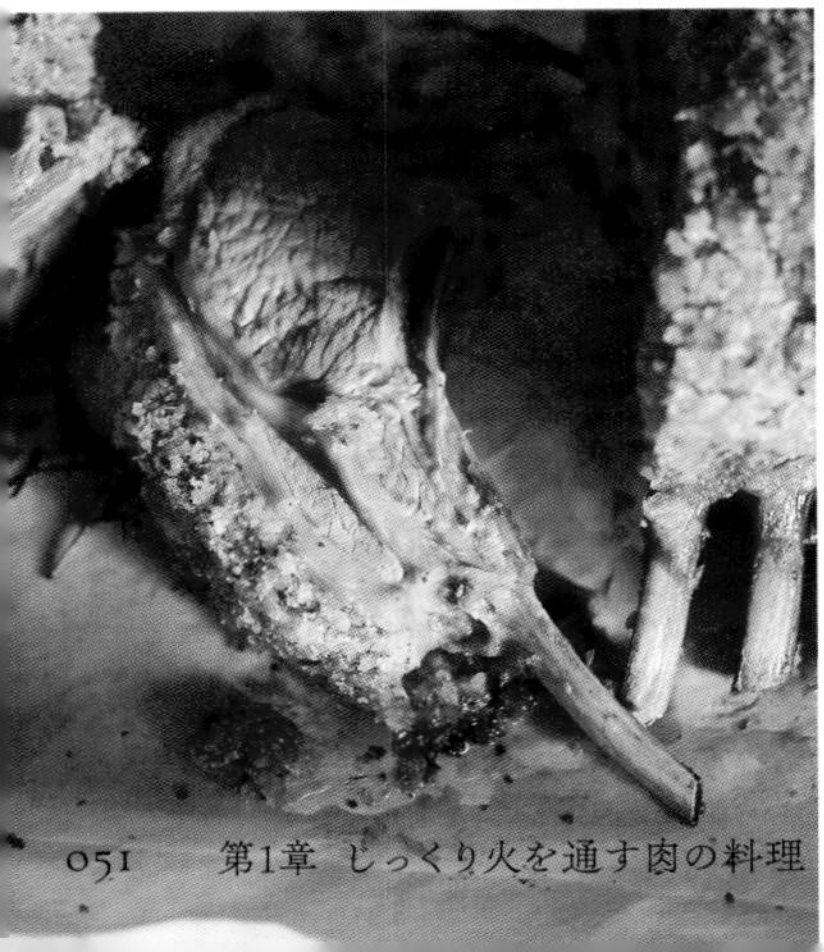

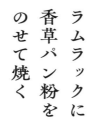

Column｜一度はやってみたい燻製作り

時間をかけて、じっくり燻して作る燻製は、
特別な道具がなくても、庭やベランダなどで意外と
手軽に挑戦できます。まずは、なじみ深いベーコン作りを。
豚バラ肉を時間をかけて温めながら燻すことで、
スモーキーな香りと旨味溢れるベーコンを味わえます。

スモーキーな香りと溢れる肉汁が美味

ベーコン

【材料（作りやすい分量）】

豚バラかたまり肉＿500g
塩＿豚肉の重量の3%（15g）
砂糖＿豚肉の重量の1.5%（7.5g）
にんにく（すりおろし）＿1かけ分
燻製用チップ＿1カップ
ザラメ（またはグラニュー糖）
＿大さじ2

【作り方】

DAY1

0min.

豚バラ肉に塩と砂糖、にんにくをすり込む

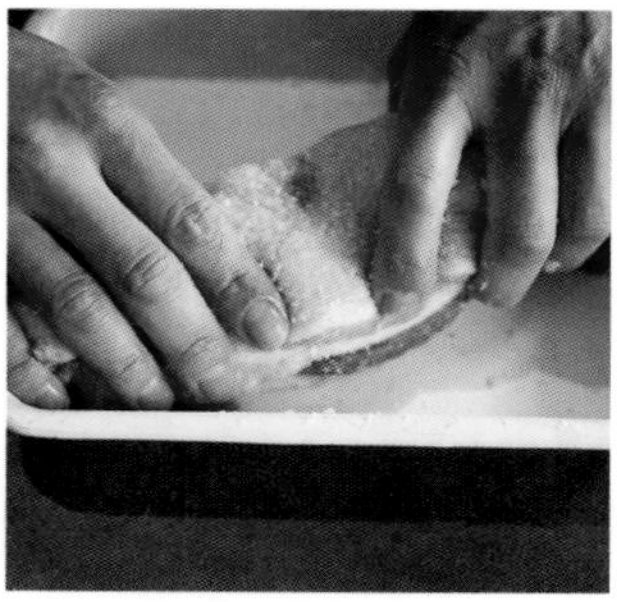

1.

豚バラ肉は冷蔵庫から取り出し、30分ほどおいて室温に戻しておく。塩と砂糖を合わせて、豚肉の全体にまぶし、にんにくを加えてしっかりとすり込む。

Point

豚かたまり肉を室温に戻しておくことで、中まで味がしみ込みやすくなります。ローリエなどのハーブを加えてもおいしいです。

40min.

ラップで包み冷蔵庫で1週間保存する

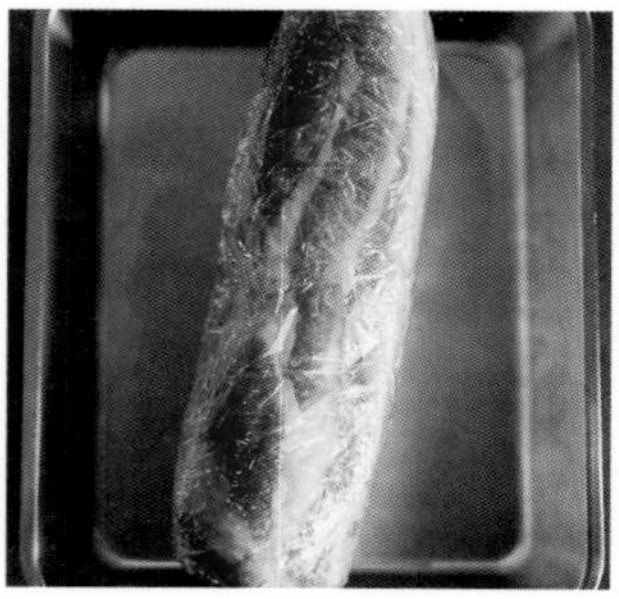

2.

ラップを広げて豚肉をおき、しっかりときつめに巻く。冷蔵庫に入れて1週間保存する。

Point

冷蔵庫で1週間保存することで、豚肉の余分な水分を抜きます。

※煙が出ますので、自宅で行う際は時間帯や風向きに注意し、ご近所の迷惑にならないようにしましょう。また、火災に注意し、燻製用チップは完全に冷めてから捨ててください。

0min. / 7~8h / 8~9h20min.

豚バラ肉を塩抜きし、表面を乾燥させる

室温に1時間ほどおく

豚バラ肉を吊るして燻煙する

完成

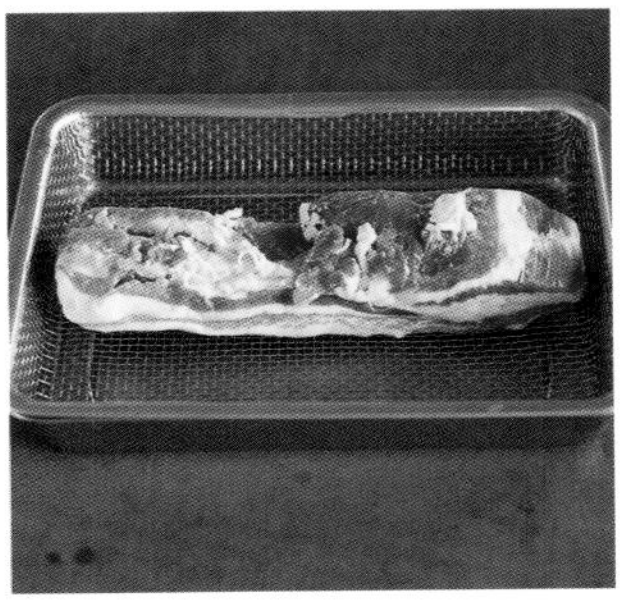

3.

ボウルにラップをはずした**2**を入れ、かぶるくらいの水を加えて2時間浸して塩抜きをする。表面の水けを拭き、ザルに上げ、ラップをせずに冷蔵庫に入れて4〜5時間おく。表面が乾燥したら、室温に1時間ほどおく。

Point

塩抜きして豚バラ肉の塩分を調整します。表面を乾燥させることで、燻製の色や香りがつきやすくなります。

4.

アルミホイルを鍋底に敷き、燻製用チップとザラメを入れ、屋外用カセットコンロなどで強火にかける。煙が出てきたら中火にし、段ボールをかぶせて金属製のS字フックを刺した豚バラ肉を吊るす。10分ほど燻したら、弱火にして1時間ほど燻す。火を止め、粗熱が取れるまでそのままおく。

Point

ザラメは着火剤代わり。グラニュー糖でもOKです。段ボールをかぶせて燻している間は、目を離さないようにしましょう。

自家製燻製器の作り方

段ボールの上部の両側面に穴を開け、菜箸などの細長い棒を刺します。カセットコンロに燻製用チップが入った鍋をのせ、両側を2個重ねたレンガなどで挟み、鍋底の大きさに合わせて下部を切り抜いた段ボールをかぶせれば完成。煙のにおいがつくので、使わなくなった鍋を燻製用にするといいでしょう。右の写真ではわかりやすいよう段ボールの手前を開けていますが、実際には閉めて燻します。

保存するときは

保存するときは、冷蔵で1週間、冷凍で1カ月を目安に。冷蔵するときはかたまりのままラップでぴっちり包みます。冷凍するときは、使いやすい形に切ってラップに包み、冷凍用保存袋に入れて冷凍。

HOW TO EAT

ベーコンは半分の長さに切り、1cm厚さにスライスしてフライパンでこんがりと焼く。カリッと焼いたトーストに、目玉焼きと一緒にのせて、焼きトマトを添える。朝食にもおすすめ。

生のままでも食べられるサーモンを、
ソミュール液に漬けて、低い温度で燻します。
スモーキーな香りがつくとともに、ほどよく
水分が抜けてしっとり、とろりとした極上の食感に。
スライスオニオンやレモン、ケイパーなどを添えてどうぞ。

スモークサーモン

とろりとした食感と凝縮した旨味

【材料（作りやすい分量）】

サーモン（刺身用さく）＿400g

<ソミュール液>

- 塩＿サーモンの重量の3%（12g）
- 砂糖＿サーモンの重量の1.5%（6g
- ローリエ＿1～2枚
- 白ワイン＿100ml
- 水＿100ml

食材info

脂が少ないサーモンを使う

一般に、生食できるように養殖した鮭や鱒をサーモンと呼びます。必ず生で食べられる刺身用を使ってください。脂が少ないサーモンを選ぶと燻製したときに香りがつきやすくなります。

【作り方】

DAY1　0～5min.
ソミュール液を合わせてサーモンを漬ける

2DAYS LATER　0min.
乾燥させて低温で燻煙する

4~5h20min.
完成

1.

ソミュール液の材料はボウルなどに入れてよく混ぜる。サーモンは表面の水けをキッチンペーパーで拭いてバットなどに入れ、ソミュール液をかける。ラップをして冷蔵庫に入れ、2日間漬ける。

Point

ソミュール液にローリエを加えて一緒に漬けることで、風味がよくなります。

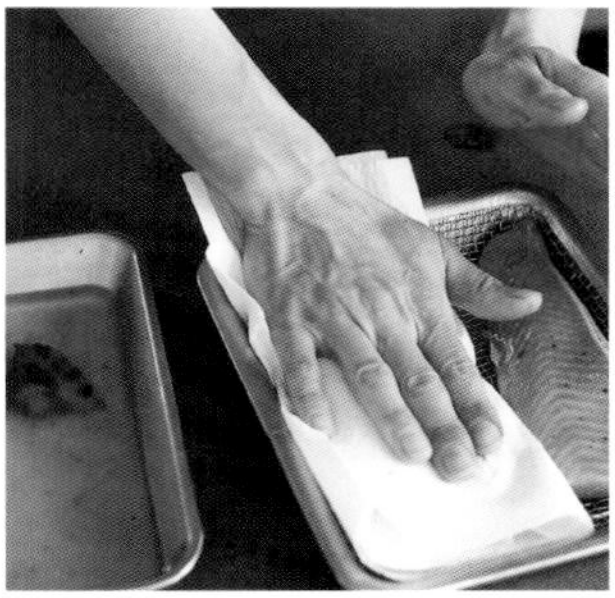

2.

サーモンを取り出してキッチンペーパーで水けを拭き取り、ラップをせずに冷蔵庫に2時間ほど入れ、表面を乾燥させる。P55と同様に燻製の準備をし、煙が出てきたら中火にする。燻製用チップの全体が焼けたら火を止めて網をのせ、サーモンをのせて30分～1時間おく。取り出して、冷蔵庫で最低2時間ほどおいてから切り分ける。

※煙が出ますので、自宅で行う際は時間帯や風向きに注意し、ご近所の迷惑にならないようにしましょう。また、火災に注意し、燻製用チップは完全に冷めてから捨ててください。

第2章 丁寧に下ごしらえする魚介の料理

新鮮な魚介類が手に入ったら、
すぐに下処理をして
おいしくいただきましょう。
一尾ずつ、ゆっくり、じっくり丁寧に、
下ごしらえをすることがおいしく作るコツ。
その季節しか味わえない
贅沢な料理を思う存分堪能して。

旬のあじは脂ののりがよく、身の味が濃いのが特徴。
新鮮なあじを使って作るあじフライは、また格別。
一枚一枚を丁寧に背開きしながら、衣をつけて
カラッと揚げてアツアツのうちにいただきましょう。
タルタルソースをたっぷりのせて召し上がれ。

揚げたてが最高のごちそう
あじフライ

【材料（作りやすい分量）】

あじ＿6尾
塩＿小さじ1
薄力粉＿大さじ3
溶き卵＿1個分
パン粉＿1カップ
揚げ油＿適量

＜タルタルソース（作りやすい分量）＞

ゆで卵＿1個
玉ねぎ＿1/3個
コルニッション
（小型きゅうりのピクルス）＿3個
A
パセリ（みじん切り）＿5房分
マヨネーズ＿大さじ3
プレーンヨーグルト（無糖）
＿大さじ1
塩＿小さじ1/2
粗挽き黒こしょう＿適量

レモン＿適宜

【作り方】

0min.

あじの頭と内臓を取る

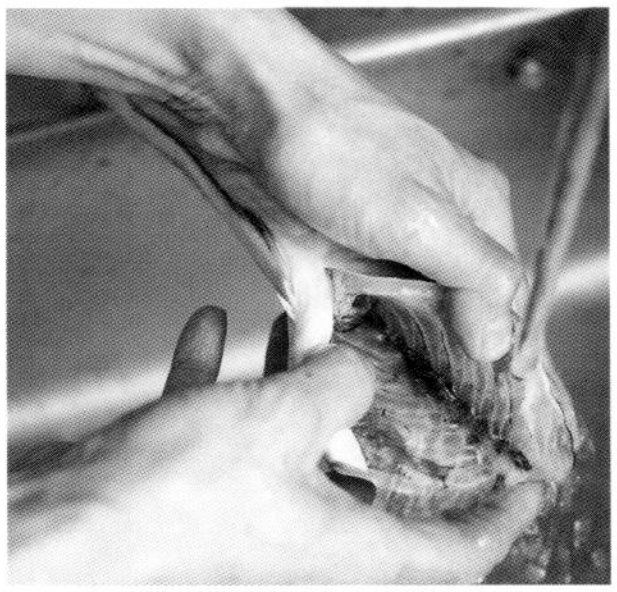

1.

あじはうろことぜいごを取り除き、頭を切り落とす。腹を切り開き、内臓を出して、流水で洗いながら血合いを取ってキッチンペーパーで水けを拭く。

Point

包丁を使うときはすべらないように、まな板や魚の水分をしっかり拭き取っておきましょう。

5min.

背開きにする

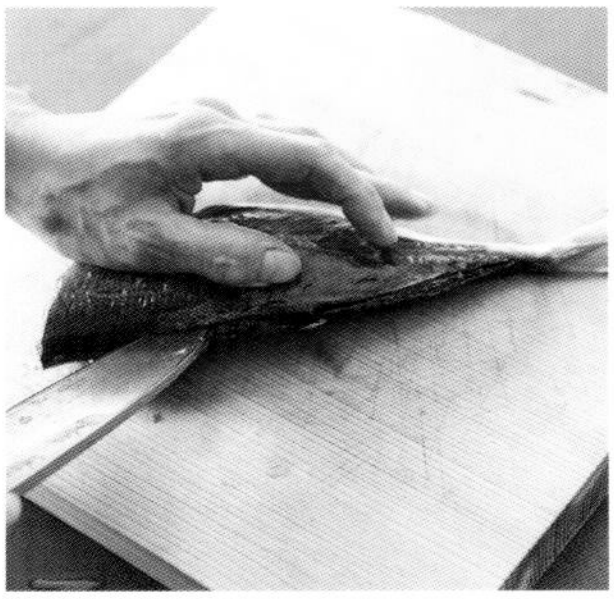

2.

尾を右にしておき、中骨に沿って背側に包丁で切り込みを入れ、身を持ちながら刃を入れて開いていく。

Point

包丁はいきなり深く入れず、まず背びれの横の皮を切る要領で刃を入れてから、徐々に中骨に沿って切り開いていきましょう。

10min.

骨を取り除く

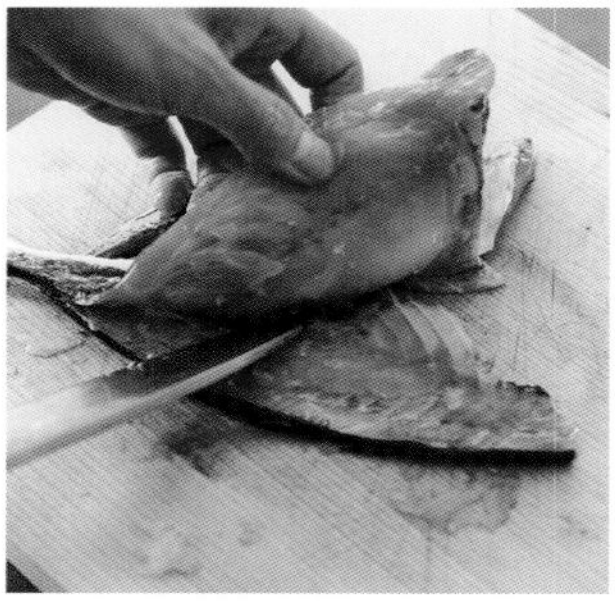

↓ 中骨に沿って切り込みを入れていく

3.

裏返し、**2**と同様に中骨に沿って切り込みを入れ、ある程度中まで刃が入ったら、中骨を押さえながら身を切り離す。腹骨もそぎ落とす。

残りのあじも背開きにする

50min.

塩をふって10分おく

4.

塩をあじの両面にふって10分ほどおき、水けを拭く。

Point

水けをしっかり拭くことで、一緒に臭みも取れます。

1h

薄力粉、溶き卵、パン粉の順に衣をつける

5.

4のあじに薄力粉、溶き卵、パン粉を順にまぶす。

Point

薄力粉は、刷毛などを使って薄くつけると、衣が厚くなりにくくなります。パン粉は手で押さえつけるようにしっかりとつけて。

1h15min.

タルタルソースを作る

6.

玉ねぎはみじん切りにし、水に5分ほどさらして水けを絞る。ゆで卵は粗く刻み、コルニッションはみじん切りにする。**A**を加えて混ぜ合わせる。

Point

玉ねぎはキッチンペーパーなどを使ってしっかり水けを絞ると、タルタルソースが水っぽくなりません。みじん切りの大きさは好みでOK。

1h30min.

170℃の油で揚げる

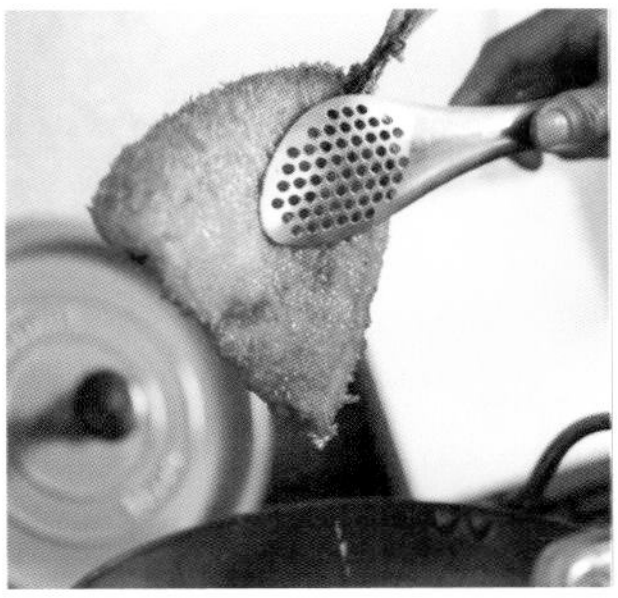

7.

揚げ油を170℃に熱し、衣をつけたあじを1枚ずつ入れ、キツネ色になるまで3〜4分揚げる。器に盛り、**6**のタルタルソースをかけ、好みで切ったレモンを添える。

1h40min.

完成

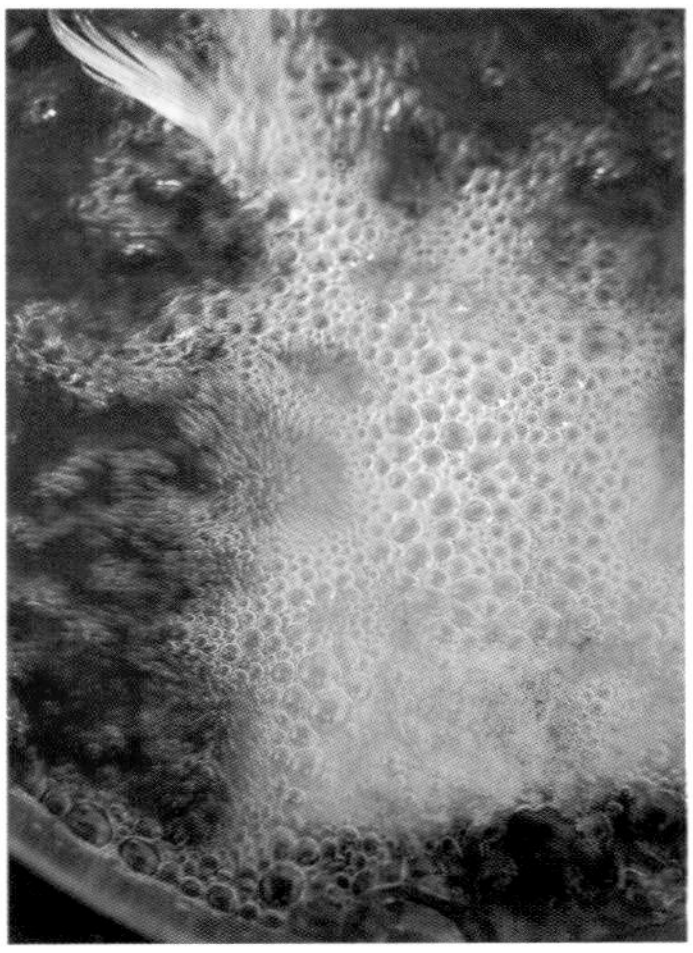

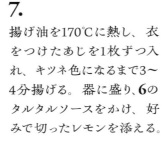

塩釜焼き

（作り方は次のページへ）


卵白を混ぜた塩で覆って焼き上げる塩釜焼きは、塩釜を通して、じんわりと加熱するので、身はしっとり、ふっくらとして美味。

今回は、鯛を丸ごと1尾使って作りました。

塩釜を金槌などで割るイベント感も一興。

身はふっくら、やさしい味わい

塩釜焼き

【材料（作りやすい分量）】

鯛＿1尾（600〜800g）
ハーブ（ローズマリー、タイムなど）
＿適量
にんにく＿1かけ
卵白＿3個分
粗塩＿1kg
小麦粉＿大さじ3

【作り方】

0min.

鯛の内臓を取り除いてよく洗い、ハーブを詰める

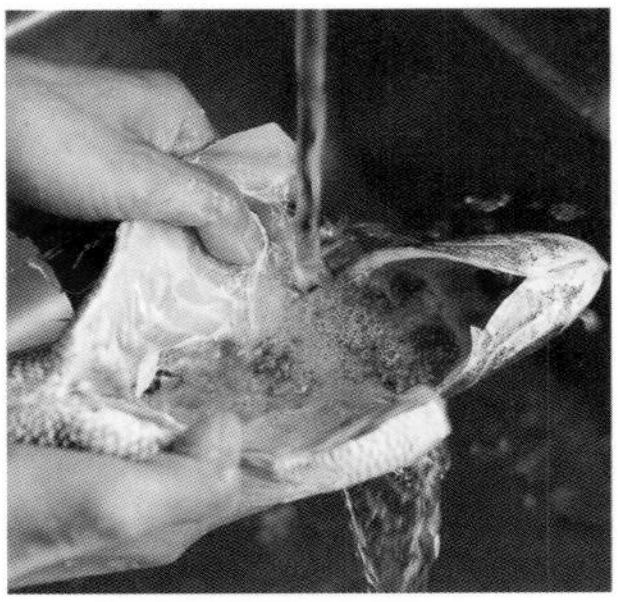

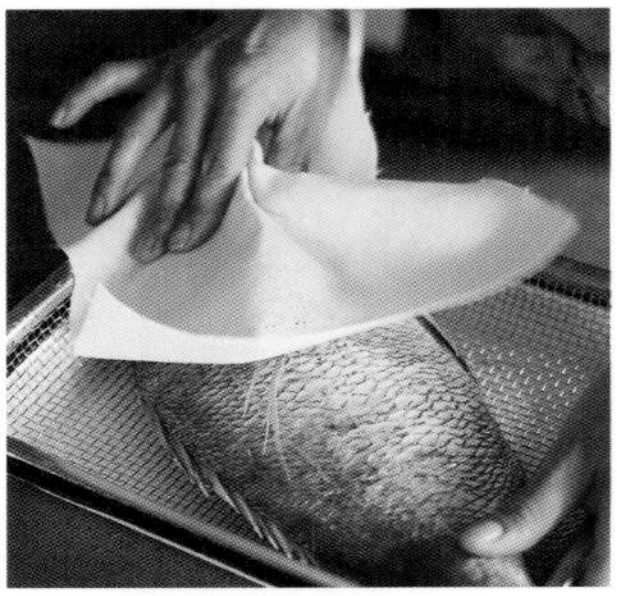

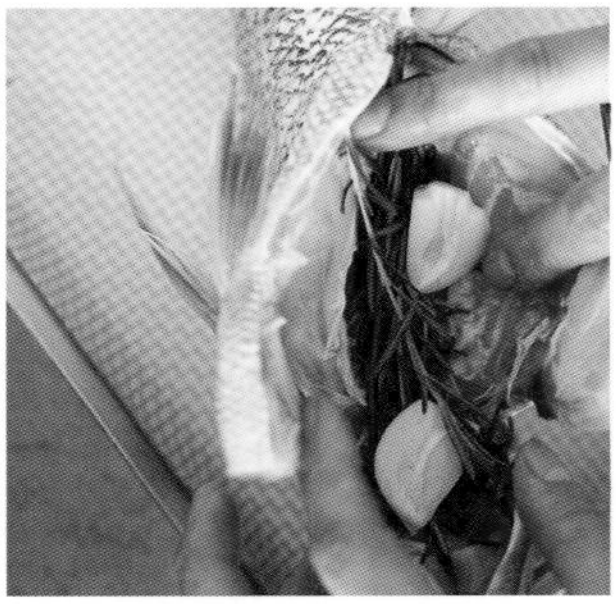

1.

鯛は、うろこ、エラ、内臓を取り除いて、流水でよく洗いながら血合いを取る。キッチンペーパーで水けをしっかりと拭き、ハーブ、半分に切ったにんにくをお腹に詰める。

15min.

卵白を泡立て粗塩、小麦粉をよく混ぜる

2.

ボウルに卵白を入れ、泡立て器で泡立てる。粗塩を加えてよく混ぜ、小麦粉を加えてさらによく混ぜる。

Point

卵白はコシが切れる程度に泡立ててください。ムラがないように全体をよく混ぜましょう。

20min. 30min. 1h15min.

天板に鯛をのせ、塩釜で全体を包む

オーブンを200℃に予熱しておく

オーブンで40分焼く

完成

3.

天板にオーブンシートを敷き、2の1/3量を敷き、1をのせる。上から押さえつけるようにして、残りの2をかぶせ、しっかりと押さえて、鯛の形にととのえる。

Point

鯛が塩釜からはみ出さないように、最後に形をととのえて、しっかり包みましょう。

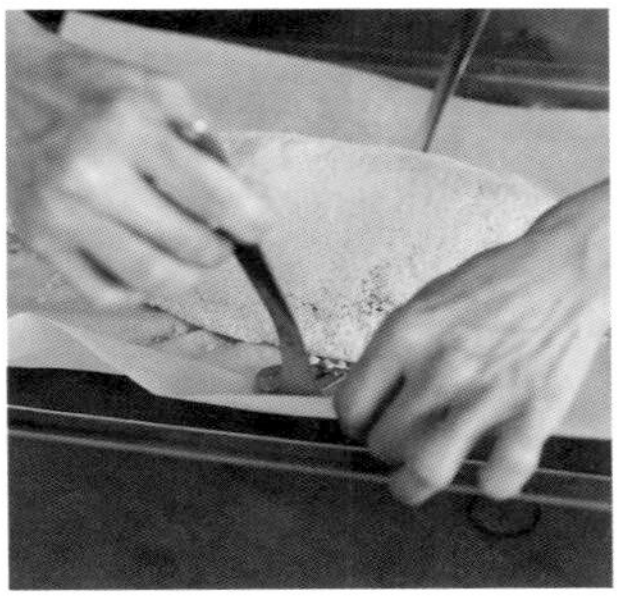

4.

200℃に予熱したオーブンに**3**を天板ごと入れ、40分焼く。温かいうちに塩を割っていただく。

Point

塩釜焼きは、温かいうちに塩を割って、早めに食べるのがポイント。そのままおいておくと、どんどん塩味が入り、塩辛くなります。

新鮮ないわしが手に入ったら、ぜひ作ってほしい
オイルサーディン。いわしの下処理さえしてしまえば、
あとは材料を合わせて火にかけるだけ。
保存もきくから、たっぷり作って保存容器に入れて
冷蔵保存を。パスタやパンに添えていただきましょう。

オイルサーディン

材料を入れて火にかけるだけ

【材料（作りやすい分量）】

いわし（大きすぎないもの）＿4尾
塩＿小さじ2
A
- にんにく（つぶす）＿1かけ
- ローリエ＿1枚
- 黒こしょう（ホール）＿大さじ1
- タイム＿8本
- レモンの皮＿1個分
- 白ワイン＿150ml
- オリーブ油＿100ml

レモン汁＿大さじ1
レモン（薄切り）＿4〜5枚

【作り方】

0min.　いわしの頭と内臓、骨を取り除く

30min.　鍋にいわしとオイルを入れて15分煮る

3h45min.　完成

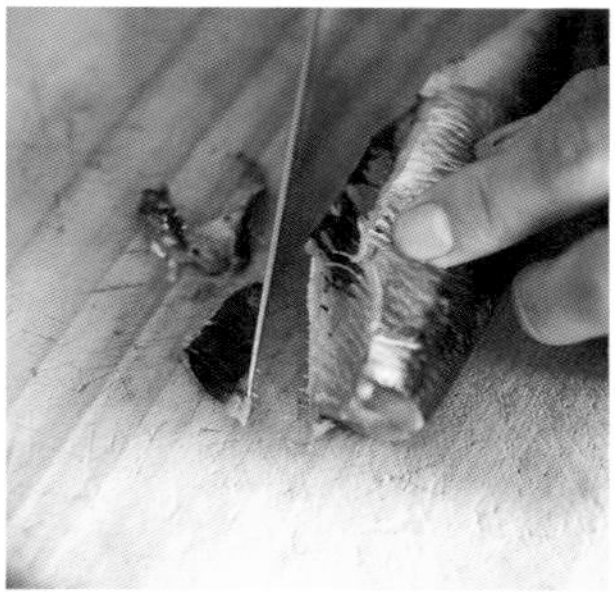

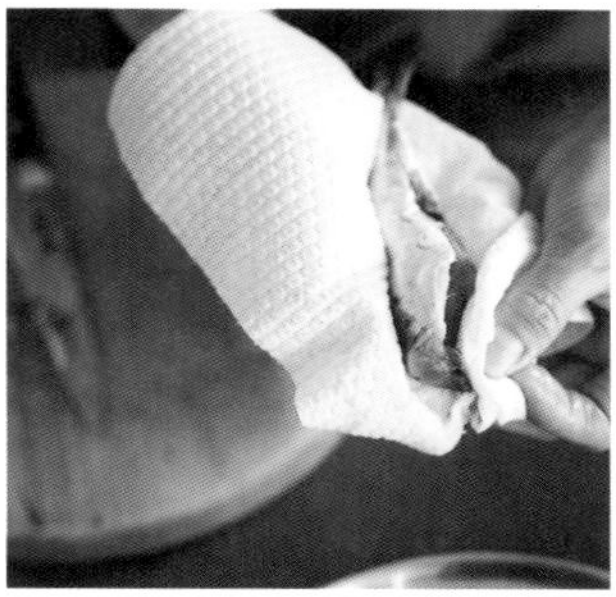

1.
いわしの頭を落とし、内臓をすべて掻き出す。大きな骨と腹骨は取り除き、水洗いして水けを拭く。塩をなじませて20分ほどおき、しっかりと水けを拭く。

↓ 冷めたら、レモン汁を加える

2.
小鍋かフライパンに1、Aを入れて中火にかける。煮立ったら、弱めの中火にして15分ほどゆっくりと煮て、そのまま3時間ほど冷まし、レモン汁とレモンを加える。

保存するときは

できたてでもおいしく召し上がれます。オイルごと保存容器に入れ、冷蔵庫で1週間くらい保存可能です。

自宅で生の穴子を調理することは、なかなかないかもしれませんが、開いた穴子を使えば、意外と手軽です。お寿司屋さんで食べたふわふわの煮穴子を思い浮かべて時間をかけて作ってみましょう。ごぼうを入れると、香りがついて、深い味わいになります。

口の中でほどける身が上品

煮穴子

【材料（作りやすい分量）】

穴子（開き）
　__ 2枚（500g）
ごぼう __ 1本（150g）
酒 __ 100ml
昆布 __ 5cm角1枚
みりん __ 50ml
しょうゆ __ 大さじ2
塩 __ ひとつまみ
小ねぎ __ 適宜
青ゆずの皮 __ 適宜

食材info

鮮魚店やスーパーで新鮮な穴子を選ぶ

身に透明感やつやがあり、ふっくらと厚みのあるものを選ぶといいでしょう。皮にある白い斑点がはっきりしているのは新鮮な証拠です。

【作り方】

0min. 穴子の皮目のぬめりを取り除く

鍋に酒と昆布を入れ、20分おく

30min. 鍋にごぼうと穴子を入れ10分煮る

50min. 完成

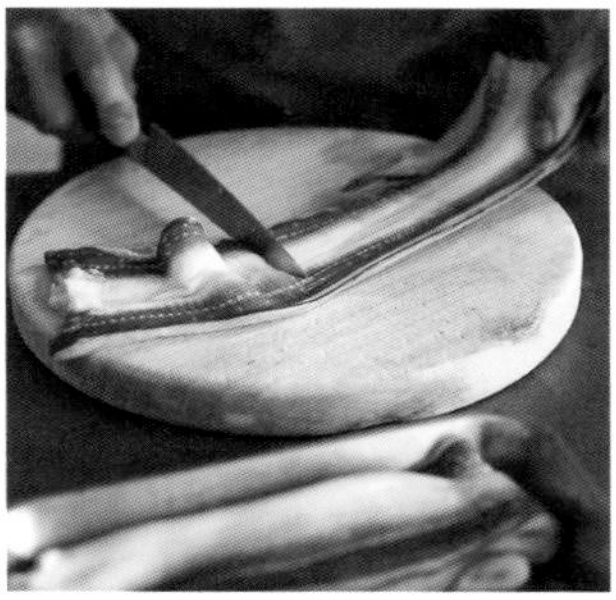

1.

まな板に穴子を皮目を上にしておき、包丁の背を使ってぬめりをこそげ取り、半分の長さに切る。ボウルの上にザルなどをセットして、穴子を皮目を上にしておき、熱湯を回しかける。ごぼうは皮をこそげ、7cm長さに切ってから、縦2等分に切り、水にさらしてアクを抜く。鍋に酒と昆布を入れ、20分ほどおく。

2.

1の鍋にみりん、水50ml、ごぼうを加え、煮立ったら昆布を取り出す。穴子を入れて落とし蓋をし、弱めの中火にかけ、10分ほど煮る。しょうゆと塩を加え、さらに汁けが少なくなるまで6〜7分煮る。器に盛り、好みで適当な長さに切った小ねぎを添え、青ゆずの皮をすりおろしてかける。

旬の時期に、生筋子を見かけるようになったら、
絶対に作ってみたい、いくらのしょうゆ漬け。
粒をはずす工程は、少しだけ手間がかかりますが、
あとは、漬け汁に漬けるだけだから、実は簡単。
炊き立てのごはんにたっぷりかけて、贅沢に味わって。

旬だからこその贅沢な一品

いくらのしょうゆ漬け

【材料（作りやすい分量）】

生筋子＿250〜300g

塩＿適量

A

- 酒＿大さじ2
- みりん＿大さじ2
- 薄口しょうゆ＿大さじ2

食材info

秋が旬の生筋子の選び方

生筋子は、膜がピン！と張っているものを買いましょう。きれいなオレンジ色が鮮度の目安です。買った日に調理するのが最大のコツ。

【作り方】

0min.

湯を沸かし、漬け汁をひと煮立ちさせる

1.

40℃くらいの湯を5〜6L用意する。Aは小鍋に入れ、中火でひと煮立ちさせ、冷ましておく。

Point

ひと煮立ちさせた漬け汁はしっかり冷ましておきましょう。湯も熱すぎると、いくらに火が通って白くなってしまうので、使うときに温度を確認してください。

10min.

生筋子の粒をはずす

2.

ボウルに**1**の湯1Lと塩大さじ1/2を入れ、生筋子の切れ目を上にして入れる。湯の中で、手でやさしく膜から粒をはずす。

20min.

湯洗いを3〜4回繰り返す

3.

大部分の膜や筋が取れたら、上澄みの湯を捨てて、再度、40℃くらいの湯1Lと塩大さじ1/2を加え、やさしく3〜4回混ぜ、浮いてきた皮と筋を湯と共に捨てる。この工程を3〜4回繰り返す。

Point

つぶさないようにやさしく混ぜましょう。細かい皮などは洗うたびに出てきますが、湯を替えるのは3〜4回でOK。

30min.

ザルに上げ水けをしっかりきる

4.

いくらをザルに上げ、5〜10分おき、水けをしっかりときる。

Point

しっかり水をきると、漬け汁に漬けたときに味がよくなじみます。

40min.

保存容器に移して漬け汁を注ぐ

5.

保存容器に移し、1の冷ました漬け汁を注ぐ。半日ほど漬けて食べられる。ごはんにのせ、細く切ったゆずの皮をのせても。

6h40min.

完成

保存するときは

冷蔵で5日、冷凍で1カ月くらい保存できます。冷凍するときは、カップなどに小分けにし、ラップをして保存容器に入れ、蓋をして保存します。解凍するときは、冷蔵庫に移してゆっくり解凍するといいでしょう。

からすみ

（作り方は次のページへ）

ボラの卵巣を１週間かけて塩漬けし、塩を洗い流して
さらに１週間天日干しで乾燥させて作るからすみ。
血抜きなどの下処理に手間がかかりますが、
作り方は至ってシンプル。時間が
おいしくしてくれる極上の味わいをぜひ、どうぞ。

時間をかける価値のある味わい
からすみ

【材料（作りやすい分量）】

ボラ子（ボラの卵巣）
＿3〜4本（800g）

塩＿ボラ子の重量の10%（80g）

【作り方】

DAY1 0〜10min.

ボラ子の血抜きをする

冷蔵庫で一晩寝かせる

DAY2 0min.

血管や筋を取り除く

1.

ボラ子は、血管に数カ所針を刺して、血をゆっくり押し出す。ボウルに入れ、かぶるぐらいの水を注ぎ、冷蔵庫で一晩寝かせて血抜きをする。

Point

太い血管が通っているほうが裏側。何カ所か針を刺してゆっくり血を押し出します。表側の細い血管が交差しているところは、気になるようであれば針を刺して穴を開け、皮の上から竹串などで血管をなぞる要領で血を押し出します。皮を破らないように気をつけて。

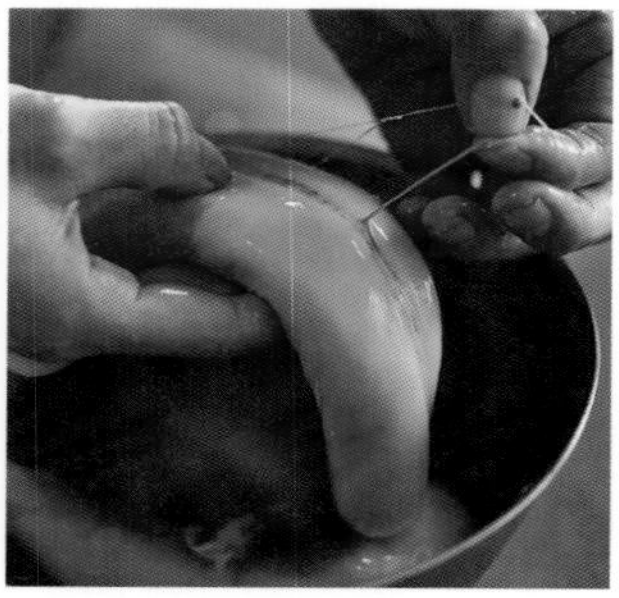

2.

血抜きしたボラ子を取り出し、血管や筋を丁寧に取り除く。

Point

血管や筋が残ると生臭くなるので、丁寧に取り除きましょう。

食材info

旬のボラ子を購入するときは

生のボラ子は秋から冬にかけて出回り、時期や産地によって価格が変動します。通販で予約注文するなどの入手方法もありますが、自分で見て選ぶときは、ふっくらしていて、つやがあり、きれいな色のものを選びましょう。

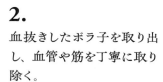

15min.

塩漬けにする

3.

ボラ子を計量し、重量の10%の塩をまぶす。ラップをかけ、冷蔵庫に入れて1週間塩漬けにする。

Point

1本1本にやさしく塩をまぶしていきましょう。大きめのボウルか、バットを使うと塩をまぶしやすいのでおすすめです。

冷蔵庫で1週間漬ける

7DAYS LATER

0〜10min.

塩を洗い流し、水けを拭いて陰干しする

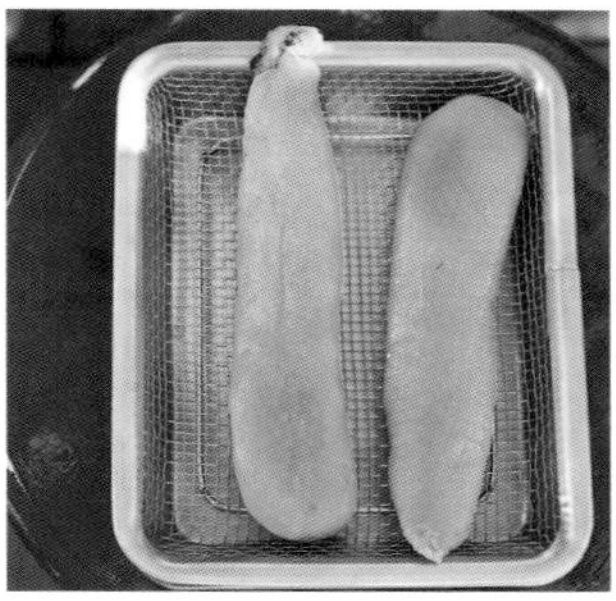

4.

塩を洗い流して表面の水けをキッチンペーパーで拭き取る。バットにのせ、直射日光を避けた場所におき、1週間ほど陰干しにして水分を抜く。

Point

ときどき、ひっくり返して、まんべんなく乾燥させること。

7 MORE DAYS

完成

5.

完全に水分が抜け、あめ色に変化したら、完成。

HOW TO EAT

スライスして炙ったり、パスタに合わせたり

スライスして炙り、おつまみに。すりおろして、たっぷりとパスタにからめ、レモンをぎゅっと搾る食べ方もおすすめ。

保存するときは

しっかりとラップで包み、冷蔵庫で保存。2〜3カ月以内に食べ切りましょう。

7〜9月ごろに北海道や青森県で水揚げされる
するめいかは、身が甘くて弾力があっておいしい。
新鮮なうちに刺身で味わうのはもちろんだけど、
塩辛もまた格別のおいしさ。いかの
身とワタを別々に下処理して寝かせれば、
あとは、それらをあえるだけですぐ食べられます。

とろりとしたワタの旨味を味わえる

いかの塩辛

【材料（作りやすい分量）】

するめいか＿1〜2杯
酒＿大さじ2
塩＿適量
ゆず果汁・ゆずの皮＿各適宜

食材info

透明感のある新鮮ないかを選んで

ワタも使うのでなるべく新鮮なものを選んで。全体的に透明感があり、目に輝きがあるものを選ぶといいでしょう。いかにはアニサキスがいることがあるので、作業するときは手元を明るくしてよく見ながら作業し、見つけたらピンセットなどで取り除きましょう。

【作り方】

DAY1

0min.

いかの胴を開き、ワタを取る

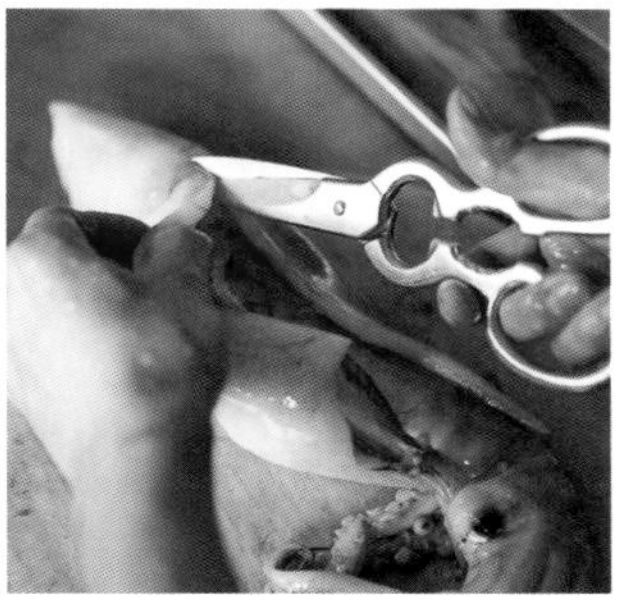

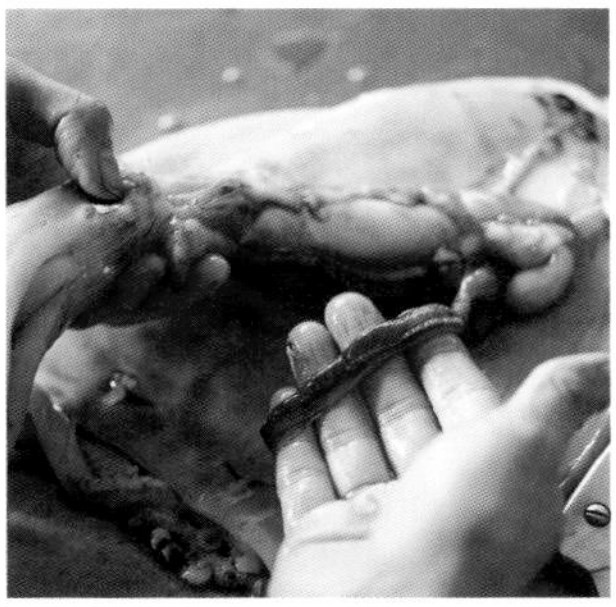

1.

するめいかは軟骨から2cmくらいのところにキッチンバサミを入れ、軟骨に沿って縦に切り目を入れる。軟骨に沿って足とワタを静かに引き抜き、軟骨も取り除く。ワタについた墨袋は破れないように除く。

5min.

ワタを切り分け、きれいにする

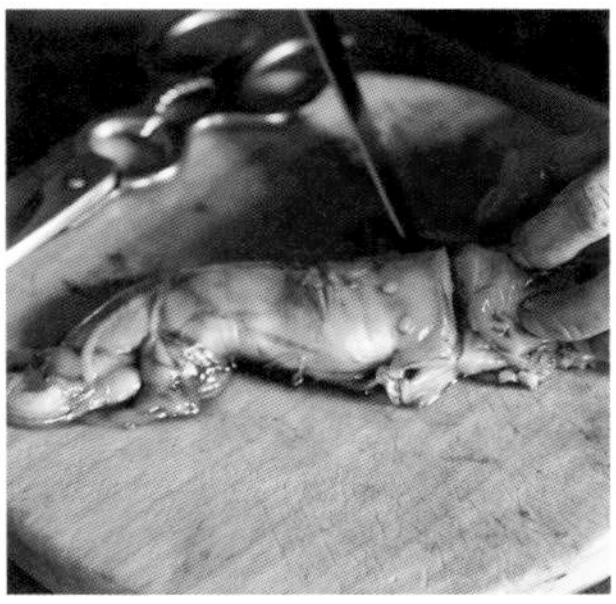

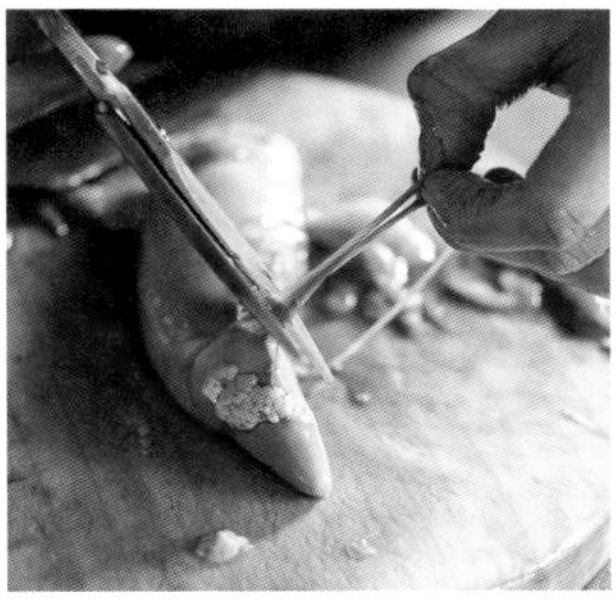

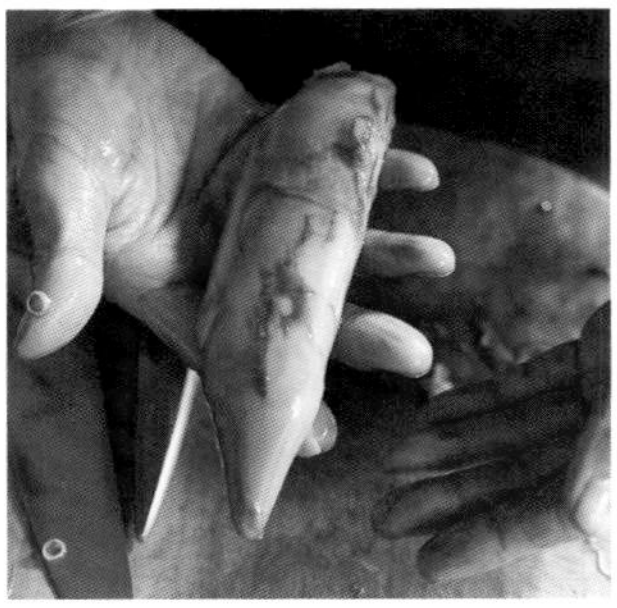

2.

足とワタを切り分け、ワタのまわりについている余分な筋などをきれいに取り除き、水けをよく拭き取る。

Point

ワタを包んでいる膜を破らないよう慎重に作業しましょう。

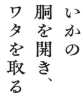

10min.

エンペラをはずし、胴の皮をむく

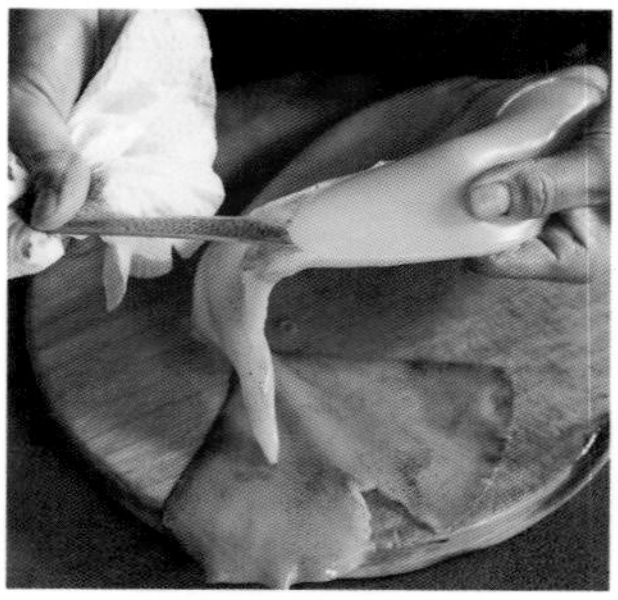

3.

エンペラはつけ根の部分に包丁を寝かせてあて、切り目を入れてはずす。胴は内側の汚れをきれいに拭き取って薄皮をはがす。水けをよく拭き取り、ラップで包み、冷凍する。

Point

アニサキスを死滅させるために、丸1日以上しっかり冷凍すること。今回のレシピでは使わないエンペラや足はホイル焼きなどにするとよいでしょう。

20min.

ワタに酒と塩をまぶす

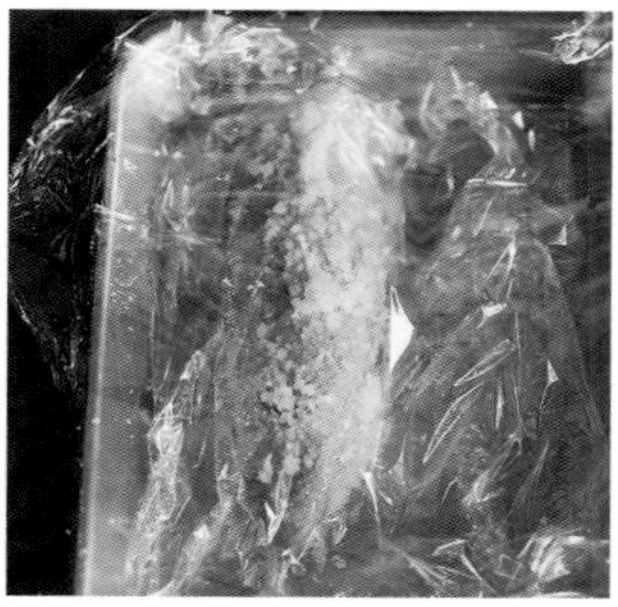

4.

バットにワタをおき、酒をかけて全体にいきわたらせ、塩をたっぷりまぶして全体を覆う。ラップをふんわりかけ、冷蔵庫に入れて1～2日おく。ワタから出た水けはキッチンペーパーで1日1回取り除く。

・胴は冷凍する
・ワタは冷蔵庫で1～2日おく

1~2DAYS LATER

0min.

いかの胴を細切りにする

5.

冷凍しておいた胴を冷蔵庫に移し、半解凍の状態にする。縦半分に切り、端から細切りにする。

35min.

ワタを水洗いしてたたく

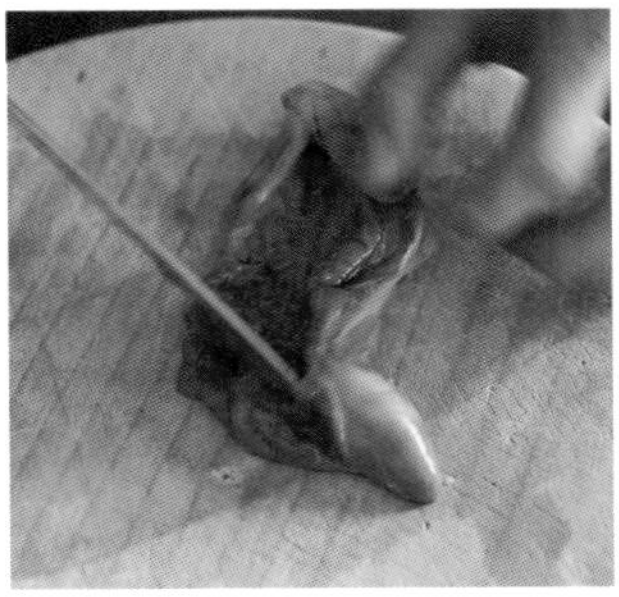

6.

ワタにまぶした塩を水で洗い流し、水けをよく拭き取る。縦に切り目を入れ、薄皮からワタをこそげ取り、包丁でよくたたく。

40min.

いかの胴をワタであえる

7.

ボウルに**5**を入れ、**6**を加えてあえる。好みでゆず果汁少々と刻んだゆずの皮を加えて、ゴムベラなどでよく混ぜ合わせ、瓶などの密閉容器に入れて保存する。

60min.

完成

保存するときは

煮沸消毒した瓶、または保存容器に入れ、冷蔵庫で4～5日間保存可能。それ以上保存したいときは、冷凍がおすすめ。カップなどに小分けにし、ラップをして保存容器に入れ、蓋をして冷凍すれば、1カ月ほど保存可能。

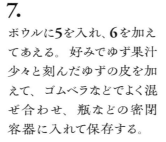

新鮮ないかの胴にもち米を詰めて、甘辛い煮汁で
煮上げるいかめしは、もち米が膨らんでぷっくりとした
フォルムがかわいい。輪切りにして器に並べれば
見た目もとっても華やかなので、おもてなしにも。
作り方は難しくないから、ひとつひとつ丁寧に。

しっとりやわらかくて旨味たっぷり

いかめし

【材料（作りやすい分量）】

するめいか＿2杯（800g）
もち米＿50g
白米＿50g
塩＿小さじ1/2＋小さじ1/4
A
だし汁＿500ml
酒＿60ml
みりん＿60ml
しょうゆ＿大さじ2
白いりごま＿少々
三つ葉＿適宜

食材info

いかの足やワタもおいしく活用

このレシピでは、いかの足とワタは使いません。いかの足（げそ）は、ゆでてサラダにする、炒める、グリルで焼くなどの食べ方がおすすめ。ワタは塩辛（P78参照）に使うか、いかワタ炒めにしても。

【作り方】

0min.

いかのワタを取り除く

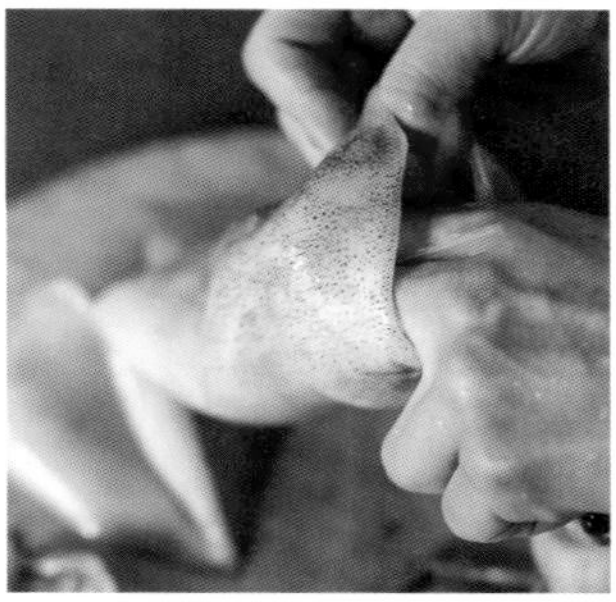

1.

いかは、胴に指を入れて軟骨をはがし、ワタと足をひっぱりながら取り出す。軟骨は取り除く。

10min.

中まで洗って水けを拭き取る

2.

いかの胴は、流水で中までよく洗い、キッチンペーパーで水けをよく拭き取る。

Point

流水で洗ったら、キッチンペーパーで胴の中まで入念に水けを拭き取るのがコツ。汚れを取り除くことで、臭みが取れます。

25min.

もち米と米に塩を混ぜる

3.

ボウルにもち米と白米を合わせて洗い、ザルに上げ、塩小さじ1/2を混ぜる。

Point

白米ともち米を混ぜて使うことで、冷めてもかたくなりにくくなります。

30min.

いかの胴に米を詰める

4.

3をスプーンですくい、いかの胴に6分目まで詰める。これを2つ作る。

Point

炊き上がると米が膨らみます。入れすぎると破裂するので、6分目までで OK。

40min.

竹串で留める

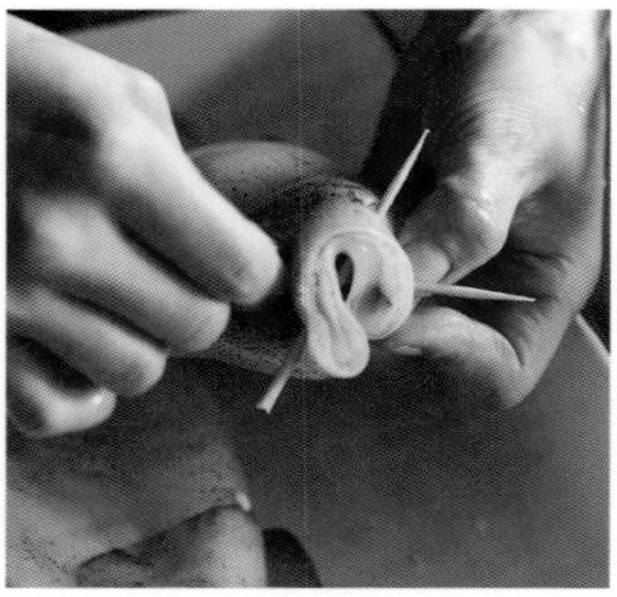

5.

いかの胴の口から1cmぐらいのところに、竹串を縫うように刺す。1本だとはずれそうな場合は、クロスするように竹串をもう1本刺して留める。

50min.

だし汁、酒、みりんといかを火にかける

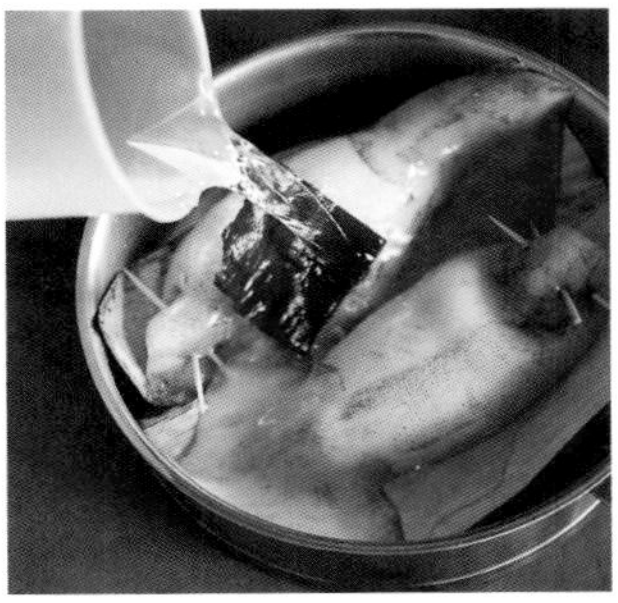

6.

鍋に竹の皮を敷き、5を並べ、Aを入れて中火にかける。煮立ったら、アクを取り除き、弱めの中火にする。

Point

竹の皮を敷くことで、くっつき防止になります。竹の皮の代わりに笹の葉や経《きょう》木《ぎ》、ねぎの青い部分を敷いてもいいでしょう。

55min.

落とし蓋をして30分煮る

7.

クッキングシートで落とし蓋をして、30分ほど煮る。

1h25min.

しょうゆと塩を加えて煮上げる

8.

しょうゆと塩小さじ1/4を加え、落とし蓋をしてさらに30分ほど、ときどき鍋を揺すって煮汁を回しながら煮る。煮上がったらいかめしを取り出し、煮汁はとろりとするまで煮詰める。いかめしを食べやすい大きさに切り分けて器に盛り、煮汁とごまをかけ、好みで三つ葉を添える。

2h5min.

完成

Column　美しい2種のテリーヌ

フレンチの冷製オードブルとしておなじみのテリーヌ。
野菜を層にして冷やし固める「ゼリー寄せ」、
肉、魚介などをすりつぶしてオーブンで蒸し焼きにする「ムース」、
どちらも型に食材を詰める楽しさや
切り分けたときの断面の美しさが魅力の料理です。

Column ゼリー寄せ

断面がきれいで上品な一品

季節野菜のテリーヌ

【材料（作りやすい分量）
／18cmのパウンド型1台分】

カリフラワー ＿ 1/4個
ロマネスコ ＿ 1/4個
グリーンアスパラガス ＿ 6本
長ねぎ ＿ 1本
※外側の2枚のみむいて使う。
ヤングコーン ＿ 4本
キドニービーンズ（水煮）＿ 20g
板ゼラチン ＿ 3枚
A
白ワイン ＿ 大さじ1
ローリエ ＿ 1枚
塩 ＿ 小さじ1/2
EXVオリーブ油 ＿ 適宜

食材info

**かための野菜が
ゼリー寄せ向き**

どんな野菜でも作れますが、最初は形が崩れにくい、かための野菜からトライするのがおすすめです。

【作り方】

0min.

野菜を切ってゆでる

1.

カリフラワー、ロマネスコは小房に分ける。アスパラガスは根元のかたい部分の皮をむく。長ねぎは縦に切り目を入れて外側の2枚をむく。水1Lを沸騰させ、塩少々（分量外）を加えてアスパラガスとヤングコーンは1分30秒ほど、カリフラワーとロマネスコ、長ねぎは2分30秒ほどゆでる。ゆで汁は取っておく。野菜はザルに上げ、水けをしっかりと拭いて冷ます。

15min.

ゼリー液を作る

2.

板ゼラチンはたっぷりの水に浸ける。1のゆで汁300mlを取って小鍋に入れ、Aを加えて弱めの中火にかける。ひと煮立ちしたら、火を止めてAのローリエを取り除き、ふやかした板ゼラチンを加えて溶かす。

25min.

型にラップを敷いてねぎを敷く

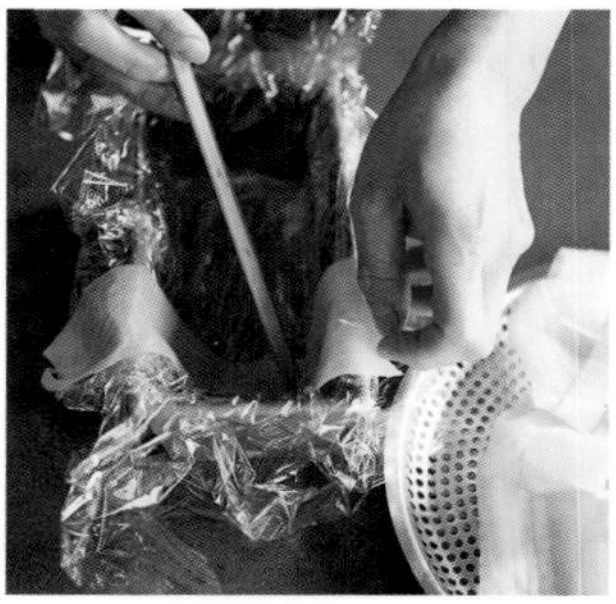

3.

型にラップを敷き詰め、長ねぎを繊維の方向が横向きになるように敷き詰める。

Point

隙間のあるところはねぎを重ねましょう。

30min.

野菜を詰める

4.

カリフラワー、ロマネスコは、切り分けたときに断面がきれいに見えるように立てて詰める。キドニービーンズを散らし、両脇にヤングコーンを並べ、真ん中にアスパラガスをのせる。小さい野菜は隙間を埋めるように詰める。

Point

切ったときのバランスをイメージしながら、なるべく隙間を作らないように詰めるときれいに仕上がる。

40min.

ゼリー液を流し入れる

5.

2の鍋を氷水にあてながらゼリー液を混ぜ、少しとろりとしたら、**4**の型に流し入れる。

Point

しっかり冷やすととろみが出てきます。とろみがついてから型に流し込むと早く固まります。

45min.

ねぎで蓋をし、ラップで包む

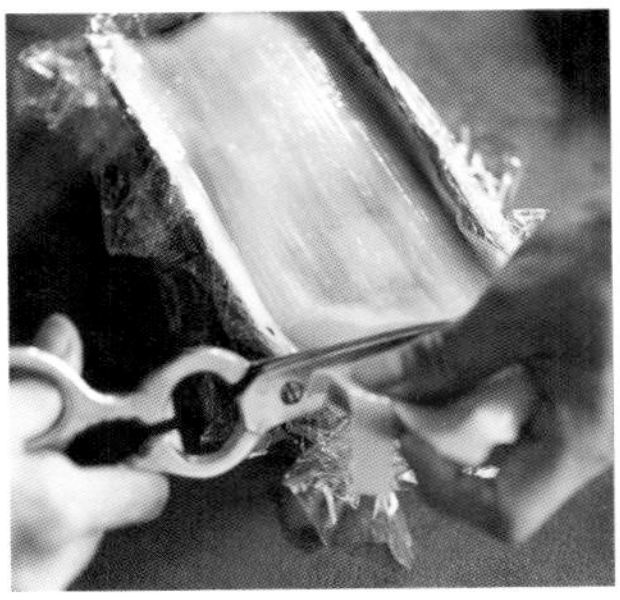

6.

型からはみ出した長ねぎを折りたたみ、上からさらに長ねぎを縦向きに重ねて型に蓋をする。余った部分はキッチンバサミで切り、全体をラップで包む。

50min.

重しをして6時間冷やす

7.

型の底までゼラチン液がいきわたるように、底が平らな重しを軽くのせ、冷蔵庫で6時間ほど冷やす。

Point

形が崩れないように重しは重すぎないものにしてください。

6h50min.

切り分ける

8.

型からテリーヌを抜き出し、端から好みの厚さに切り分け、器に盛る。好みでEXVオリーブ油や塩（分量外）をかける。

7h

完成

ほたてのクリームテリーヌ

なめらか&濃厚な口あたり

【材料（作りやすい分量）
／18cmのパウンド型1台分】

ほたて貝柱＿300g
スモークサーモン
＿約10枚（100〜120g）
生クリーム＿200ml
A
白ワイン＿大さじ1
卵白＿2個分
塩＿小さじ2/3
チャービル＿適宜

【作り方】

0min.

ほたてと卵白を攪拌する

1.

ほたては表面の水けを拭き、フードプロセッサーに入れ、Aを加えてなめらかになるまで攪拌する。

5min.

型に紙を敷き、サーモンを敷き詰める

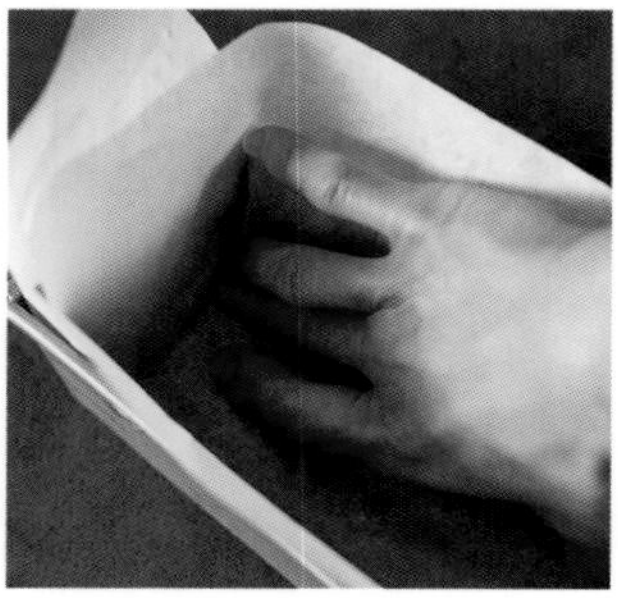

2.

型にクッキングシートを敷き、底の大きさに合わせて切ったスモークサーモンの半量を敷く。

Point

クッキングシートの上に型をのせ、大きさを確認しながら切るとサイズを合わせやすくなります。

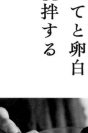

15min.

ムースを作り、型に流し入れる

3.

ボウルに**1**を入れ、氷水にあてながら、生クリームを加えて泡立て器で混ぜる。**2**の型に流し入れ、残りのスモークサーモンをのせる。

オーブンを180℃に予熱する

25min.

オーブンで蒸し焼きにする

4.

バットにキッチンペーパーを敷いて**3**をのせ、熱湯を1.5cmほどの高さまで注ぐ。型からはみ出たクッキングシートを折りたたんでかぶせ、さらにクッキングシートで蓋をし、その上にバットなどをのせる。天板にのせ、180℃に予熱したオーブンで50分～1時間蒸し焼きにする。

1h30min.

冷やして切り分ける

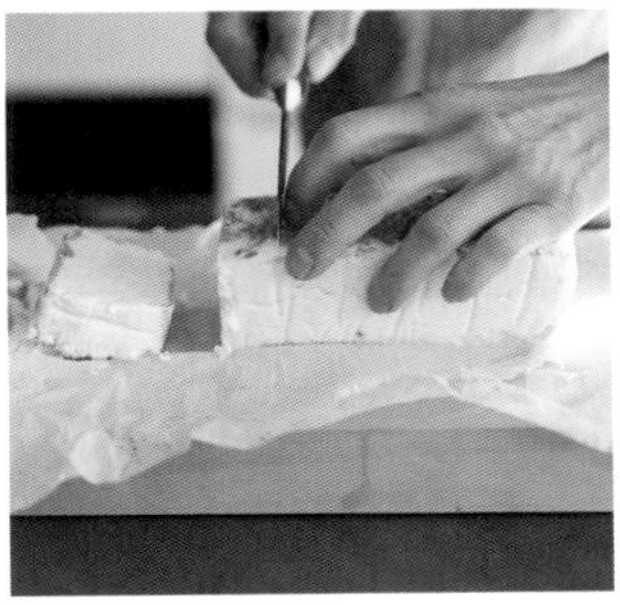

5.

オーブンから取り出し、粗熱が取れたら冷蔵庫で2～3時間冷やす。好みの厚さに切り分け、器に盛り、好みでチャービルを添える。生クリームを7分立てにして塩少々を加えたものやピンクペッパーを添えても。

4～5h

完成

第3章 ひとつひとつの手順を楽しむ粉もの料理

粉類を混ぜ合わせて、こねて発酵させ、
成形する。粉もの料理は、
幼いころ夢中になった粘土細工のように、
時間を忘れてじっくりと
楽しむことができます。
１人でコツコツ作るのも、
みんなでワイワイ作るのも楽しいです。

四角いシート状のパスタ「ラザニア」を、生地から作ってみましょう。パスタマシンがあれば意外と簡単。生パスタならではのもちもちとした食感が味わえます。大きめのグラタン皿に、ラザニア、ホワイトソース、ミートソース、チーズを層にして重ね、オーブンで焼けば、アツアツのごちそうのできあがり。同じ生地を使って、ラビオリを作ることもできます。

生パスタと濃厚なソースが絶品

ラザニア

【材料（作りやすい分量／6人分）**】**

＜パスタ生地（ラザニア・ラビオリ共通）＞

A
- デュラムセモリナ粉＿125g
- 中力粉＿125g
- 卵＿2個
- EXVオリーブ油＿大さじ2
- 塩＿少々

水＿大さじ1

打ち粉（強力粉またはセモリナ粉）＿適量

※ラザニアには1/3量を使用

＜具材＞
- ミートソース（作り方P98）＿400g
- ホワイトソース（作り方P98）＿300g
- なす＿4本
- ゆで卵＿2個
- ピザ用チーズ＿80g
- パルミジャーノレッジャーノ＿20g
- オリーブ油＿大さじ2
- 塩・粗挽き黒こしょう＿各適量
- バター＿30g

【作り方】

0min.

ボウルに生地の材料を入れて混ぜる

↓ 粉っぽさがなくなるまで混ぜる

1.

ボウルにAを入れ、粉っぽさがなくなり、まとまるまで手で混ぜる。

Point

水と油は混ざりにくいので、最初に卵とオリーブ油をしっかり粉と混ぜ合わせ、水はあとから加えます。

5min.

水を加え、表面がつやっとするまでこねる

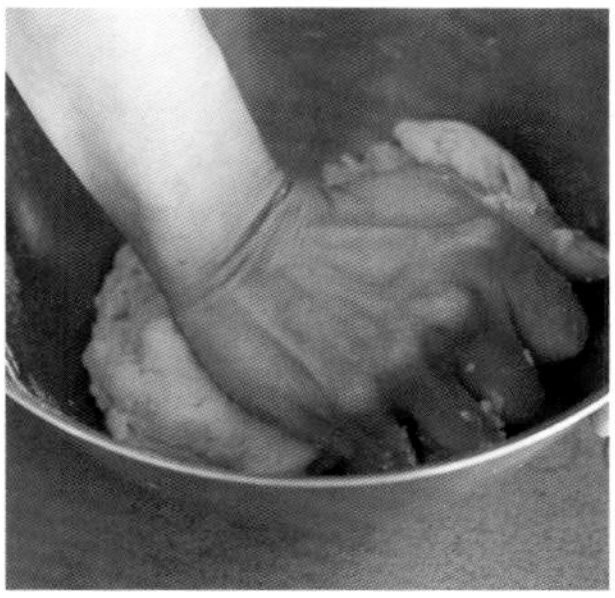

2.

生地がまとまってきたら、水を加え、ボウルの中で表面がつやっとするまでこねる。

Point

手のひらのつけ根に力を入れてこねます。

15min.

ラップで包んで30分寝かせる

3.

丸めた生地をラップで包み、室温で30分ほど寝かせる。

Point

ラップで生地をしっかり包み、乾かないようにしましょう。

45min.

生地をめん棒で5mm厚さまでのばす

4.

まな板などに打ち粉をして生地をおき、めん棒で上から押さえるようにしながらのばしていく。ある程度薄くなったら、半分に切り、それぞれの生地をめん棒で5mm厚さになるまでのばす。

55min.

パスタマシンに通して生地をのばす

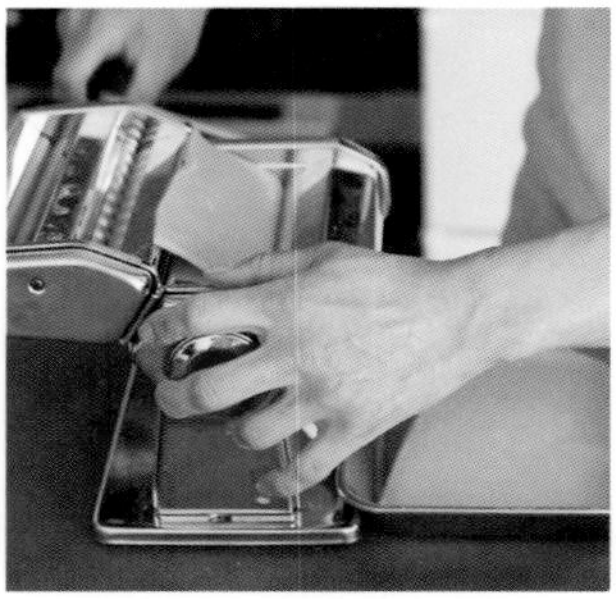

5.

4の生地をさらにそれぞれ半分に切り、パスタマシンに通してのばしていく。パスタマシンの目盛りを少しずつ細かくし、約0.8mm厚さになるまで繰り返しのばす。バットなどに入れ、打ち粉をしておく。

Point

何度もパスタマシンに通すことで、コシが出ます。

1h10min.

具材を用意する

6.

ミートソース、ホワイトソースを作る（P98参照）。なすはヘタを取り除き、縦に1cm厚さに切り、水にさっとさらす。水けを拭き取り、オリーブ油大さじ1でしんなりするまでソテーし、塩少々をふる。ゆで卵は輪切りにする。

2h

パスタ生地をゆでる

7.

鍋に熱湯2Lを沸かし、塩・オリーブ油各大さじ1を加え、5の生地の1/3量を1枚ずつ入れて、1分ほどゆでる。ザルに上げ、氷水に浸けて、キッチンペーパーで拭き、半分に切る。

2h10min.

耐熱容器にパスタ生地と具材を重ねる

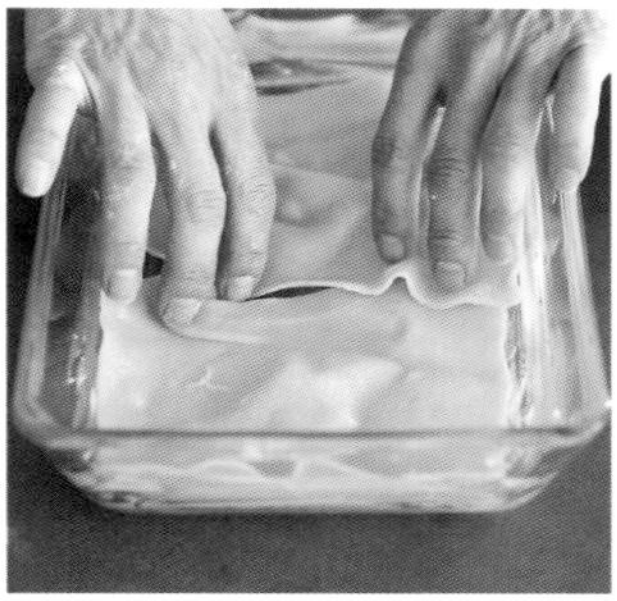

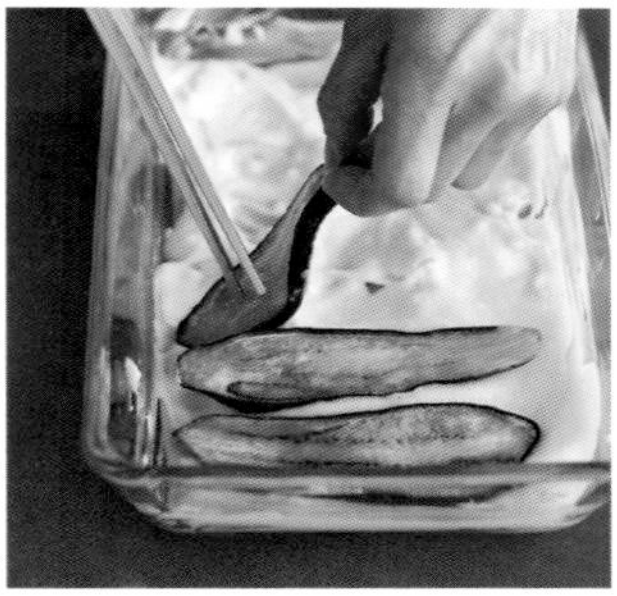

8.

耐熱容器にバター（分量外）を薄く塗り、7のパスタ生地を2枚敷く。ホワイトソース1/2量→なす1/2量→ミートソース1/2量→ゆで卵全量→ピザ用チーズ・すりおろしたパルミジャーノ各1/2量を順に重ねる。

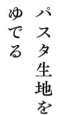

2h25min.

さらにパスタ生地と具材を重ねる

9.

8に残りのパスタ生地2枚を重ね、残りのホワイトソースを流し入れて、隅々まで広げる。さらに、残りのなす、残りのミートソース、残りのピザ用チーズを順に重ねる。

Point

パスタ生地は、使う耐熱容器のサイズに合わせてカットしてください。ホワイトソースを隅々まで広げると、パスタ生地の端が焦げつくのを防げます。

オーブンを200℃に予熱する

2h40min.

バターを散らしてオーブンで20分焼く

10.

焼く直前に、残りのパルミジャーノをすりおろしてふり、バターを小さくちぎってところどころに散らす。天板にのせ、200℃に予熱したオーブンで20分ほど、こんがりと焼き色がつくまで焼き、粗びき黒こしょうをふる。

Point

パルミジャーノは焼く直前にすりおろすとかたまらずに全体にかけることができます。

保存するときは

パスタ生地は、全体に強力粉かセモリナ粉をまぶし、保存袋に入れて冷蔵で2日、冷凍用保存袋に入れて冷凍で1カ月保存可能。冷凍保存したときは、冷蔵庫に移して解凍。ミートソースやホワイトソースも保存容器や袋に入れて、冷蔵で3日、冷凍で1カ月保存可能。

3h

完成

ミートソースの材料と作り方

（作りやすい分量／ラザニア2回分）

1. 玉ねぎ1/2個、マッシュルーム6個はみじん切りにする。

2. フライパンににんにくのみじん切り1かけ分とオリーブ油少々を中火で熱し、香りが立ったら、合いびき肉400gと**1**を入れて玉ねぎが透き通るまで炒める。

3. 赤ワイン100mlを加えてひと煮立ちさせ、ホールトマト缶1缶(400g)を崩しながら加え、さらにひと煮立ちさせてアクを取り除く。弱めの中火にし、蓋をして15分ほど煮て、塩小さじ1/3、粗挽き黒こしょう少々を加える。

ホワイトソースの材料と作り方

（作りやすい分量／ラザニア2回分）

1. フライパンにバター30gを入れ、弱火にかける。小麦粉30gをふるって入れ、ヘラで混ぜながら、クツクツとしっかり煮立たせる。全体がしっかりとなじんだら火を止める。

2. 牛乳500mlを人肌に温めて、**1**に一度に加え、ゴムベラでしっかりと混ぜる。

3. 弱めの中火にし、泡立て器またはゴムベラなどで混ぜながらとろみがつくまで煮て、塩ひとつまみを加える。

同じパスタ生地で作る

ラビオリ

（作り方は次のページへ）

ラザニアと同じパスタ生地を使って、ラビオリに挑戦してみましょう。ラビオリは、2枚のパスタで具材を挟み、一口大にカットしてゆでるイタリア料理です。

【材料（作りやすい分量／12個分）**】**

パスタ生地（作り方P95）
＿1/3量（15×30cm×2枚）

＜具材＞

- 合いびき肉＿100g
- 玉ねぎ＿1/4個
- パルミジャーノレッジャーノ＿10g
- リコッタチーズ＿30g
- ドライハーブ（オレガノなど）＿少々
- 白ワイン＿小さじ2
- 塩＿小さじ1/4
- オリーブ油＿小さじ1

卵黄＿1個分

＜ソース＞

- 生クリーム＿200ml
- パルミジャーノレッジャーノ＿20g
- 白ワイン＿大さじ1
- 塩＿小さじ1/4
- ローズマリー（またはセージ）＿適宜

粗挽き黒こしょう＿適宜

【作り方】

1h10min.

具材を作る

1.

玉ねぎはみじん切りにする。フライパンにオリーブ油を中火で熱し、玉ねぎとひき肉を入れ、肉の色が変わるまで炒める。白ワインを加え、汁けがなくなるまで炒め、塩を加えて火を止める。粗熱が取れたらパルミジャーノ、リコッタチーズ、ドライハーブを加える。

1h25min.

パスタ生地に具材をのせる

2.

パスタ生地1枚をまな板などに広げておき、**1**を等間隔にスプーン1杯ずつのせる。

1h40min.

卵黄を塗り、生地を重ねる

3.

パスタ生地と具材の隙間に溶いた卵黄を塗り、上にもう1枚のパスタ生地を重ねる。

1h55min.

ラビオリカッターで切る

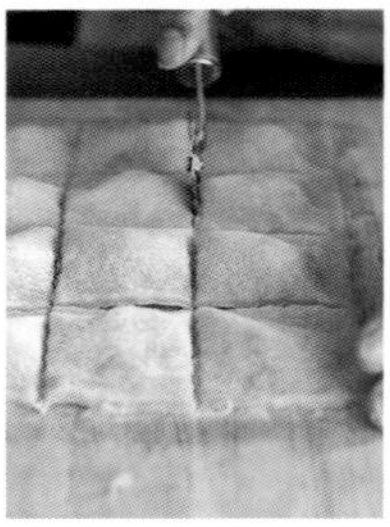

4.

パスタ生地の重なり部分をしっかり密着させ、ラビオリカッターやピザカッターなどで切る。重なり部分を指で押してしっかりと密着させる。

2h5min.

ラビオリをゆでる

5.

鍋に水1Lを入れて沸騰させ、塩小さじ1（分量外）を加え、**4**のラビオリを入れて1分ほどゆでる。

2h20min.

ソースを作りラビオリをからめる

6.

フライパンにソースの材料を入れ、中火でひと煮立ちさせる。**5**のラビオリがゆであがったら、湯をきり、ソースに加えてからめる。器に盛り、好みで粗挽き黒こしょうをふる。

2h30min.

素うどん

（作り方は次のページへ）

強力粉と薄力粉を使って、うどんを打ってみましょう。
少ない材料でできるうえ、工程も簡単。
生地作りには力と時間が必要ですが、
フードプロセッサーやジッパーつきの保存袋を使えば、
だれでも手軽に作れると思います。
ツルツルとしてコシのあるうどんは、
ねぎやしょうがなどの薬味やのりと一緒にどうぞ。

コシの強いおいしさは手作りならでは

素うどん

【材料（作りやすい分量／4玉分）】

強力粉＿200g
薄力粉＿200g
塩＿10g
水＿180〜200ml
打ち粉（強力粉）＿適量

食材info

好みの粉や塩を使って素材そのものを味わう

使うのは粉と塩と水だけ。どんな粉、塩、水を使うかで味が大きく変わってくるので、いろいろ試してみる楽しみがあります。

【作り方】

0min.

粉類をふるって塩、水を加え、攪拌する

1.

粉類をふるってフードプロセッサーに入れる。塩を加え、水を少しずつ加えながら攪拌する。少し混ざってきたら、様子を見ながら、手に粉っぽさがつかなくなる程度まで、残りの水を加えて攪拌する。

5min.

生地がまとまってきたら、こねる

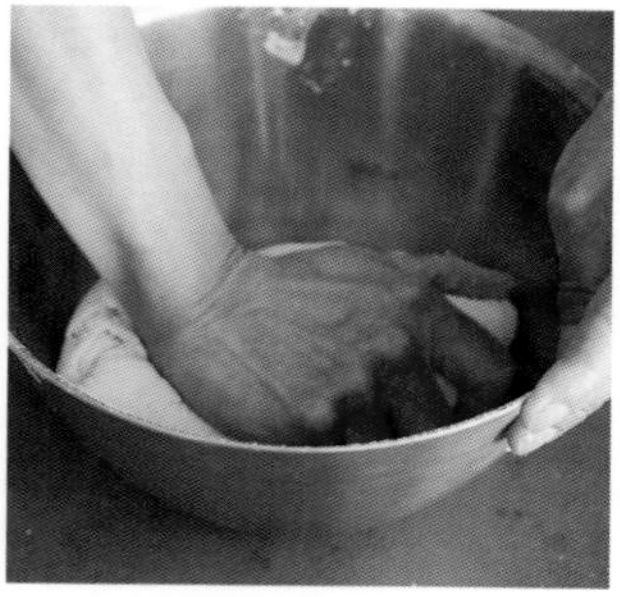

2.

1の生地がまとまってきたらボウルに移し、ひとまとまりになるまで体重をかけながらこねる。全体がつやっとしてきたら、2時間ほど室温で寝かせる。

Point

生地を寝かせるときは、ボウルに入れたままラップをかけておきましょう。乾かないように気をつけて。

2h10min.

袋に入れ、めん棒でのばす

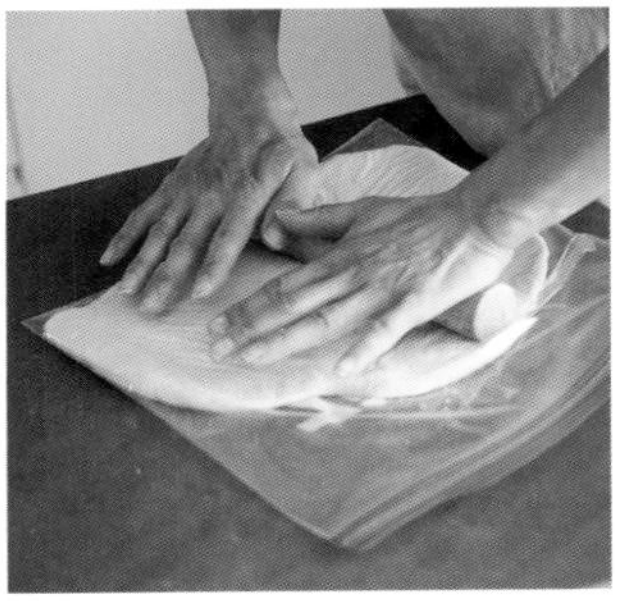

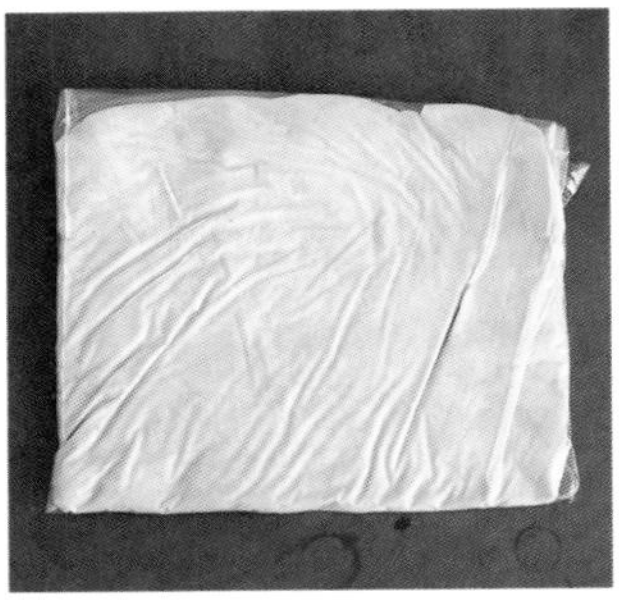

3.

2の生地を30×30cmくらいのジッパーつきの保存袋に入れ、めん棒でたたきながらのばしていく。体重をかけて、保存袋いっぱいになるまでのばす。

Point

生地をのばすときは、足で踏んでもOKです。

2h20min.

生地を半分に切ってさらにのばす

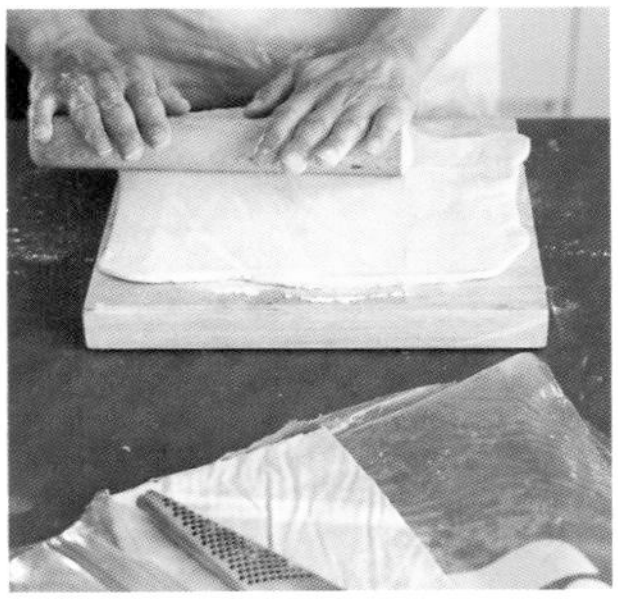

4.

3の生地を半分に切り、打ち粉をした台にのせ、めん棒で30cm角ぐらいの大きさになるまでのばす。さらに半分に切り、1枚を30cm角ぐらいの大きさになるまでのばす。できあがりは、2mm厚さが目安。

2h30min.

生地を切ってゆでる

5.

4の生地を3つ折りにし、7〜8mm幅に切る。鍋にたっぷりの熱湯を沸かし、12分ほどゆでて、冷水に取り、ザルに上げる。

2h50min.

完成

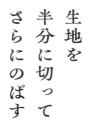

トルティーヤ

トルティーヤは、メキシコで親しまれる薄焼きパン。とうもろこしの粉「マサ粉」を使えば、本場の味を楽しめます。普通のパン生地よりも簡単だから、思い立ったらすぐに作れる手軽さが魅力。トルティーヤプレスに生地を挟んでのばします。タコスの具材をいろいろ用意して楽しみましょう。

（作り方は次のページへ）

いろいろなトッピングで楽しむ

トルティーヤ

【材料（作りやすい分量／8～10枚分）】

マサ粉＿200g

塩＿小さじ1/4

食材info

マサ粉を使って本格トルティーヤを

マサ粉とは、とうもろこしをアルカリ水で処理して栄養価を高めたもので、生地を薄くしても扱いやすいのが特徴。とうもろこしの色によって、白、黄色、青い粉があります。好みのマサ粉で作りましょう。製菓材料店や輸入食材店で入手可能です。

【作り方】

0min.

生地をこねる

1.

ボウルにマサ粉、塩を入れてよく混ぜ、30℃ぐらいのぬるま湯200mlを少しずつ加えながら手でこねる。

Point

ぬるま湯は様子を見ながら量を調整しましょう。ひとまとまりになるくらいの量でOKです。

10min.

生地がまとまったら休ませる

2.

まとまってきたら、そのままボウルの中でしっとりするまでこね、ラップをかけて1時間ほど室温で休ませる。

Point

生地が乾かないように必ずラップをしてください。

1h10min.

30gずつ丸めてプレスする

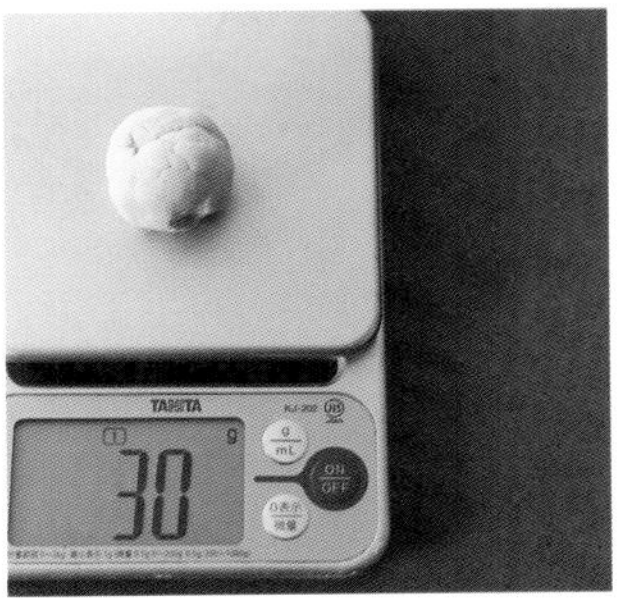

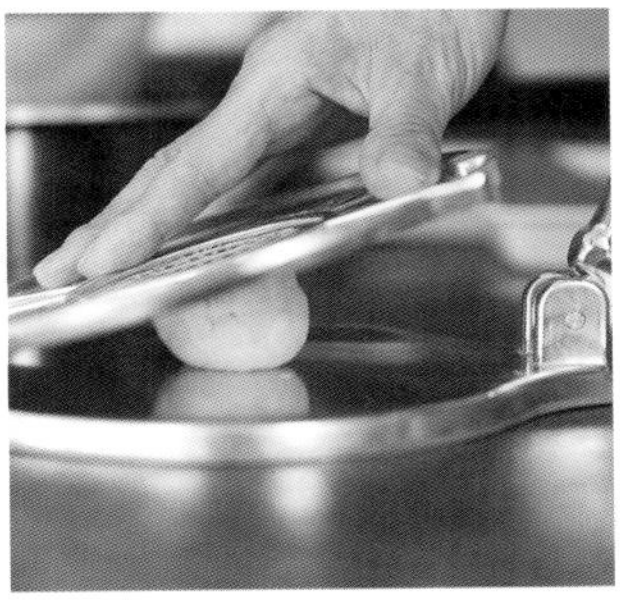

3.

2の生地を30gずつ丸める。トルティーヤプレスを開いて生地を真ん中におき、蓋を閉めてレバーを押し、平らにのばす。

1h20min.

フライパンで焼く

4.

フライパン（あれば鉄製のもの）を中火で熱し、3を入れて焼く。表面が膨れてきたら裏返し、両面に焼き目がつくまで3分ほど焼く。

1h30min.

完成

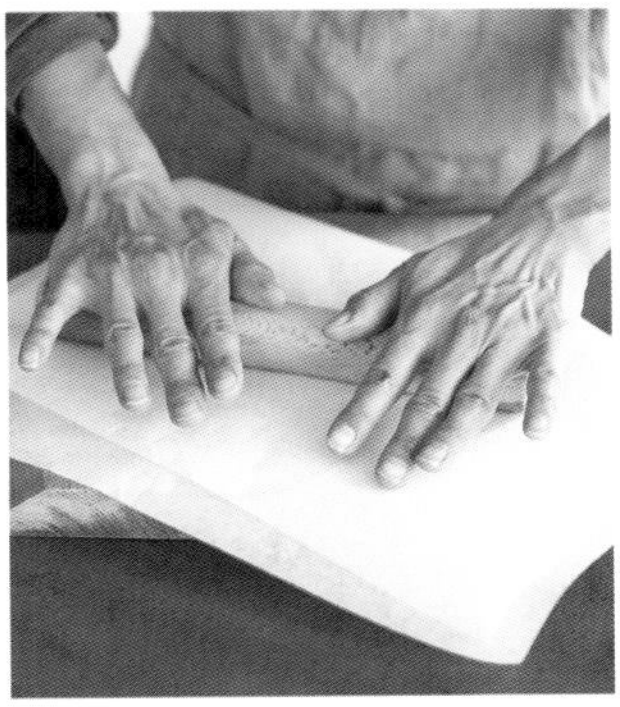

トルティーヤプレスがないときは

クッキングシート2枚と台、めん棒を用意します。丸めた生地をクッキングシートで挟んで手で押したあと、めん棒で平らにのばします。多少厚めにはなりますが、それも手作りならではの味わいです。

HOW TO EAT

［具材の材料と作り方］（作りやすい分量）

❷サルサソース

紫玉ねぎ1/2個は粗みじん切りにし、水に5分ほどさらし、水けをしっかりと拭く。トマト1/2個はざく切りにする。塩小さじ1/3、レモン汁大さじ1、パセリ（みじん切り）小さじ2と混ぜ合わせる。

❶タコスミート

フライパンにオリーブ油小さじ2を中火で熱し、合いびき肉200gを入れて肉の色が変わるまで炒め、白ワイン大さじ1、トマトケチャップ大さじ1、しょうゆ大さじ1を入れて炒め合わせ、汁けがなくなるまで煮詰める。

❹シュレッドチーズ

❸レタスのせん切り

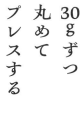

東欧の代表的な伝統料理のひとつ、ピロシキ。
ラグビーボールのような形が特徴の、具だくさんの
惣菜パンです。ふわふわのパン生地に、
ひき肉そぼろと春雨やゆで卵を混ぜた具をのせて、
ひとつずつ丁寧に包みましょう。
まん丸に膨らんだ揚げたての
ピロシキを熱いうちにどうぞ。

ふわふわのパン生地を贅沢に味わう

ピロシキ

【材料（作りやすい分量／6個分）**】**

強力粉 ＿ 180g
ぬるま湯 ＿ 100ml
砂糖 ＿ 大さじ1/2
塩 ＿ 小さじ1/3
卵黄 ＿ 1個分
サラダ油 ＿ 大さじ1
ドライイースト ＿ 2g
打ち粉（強力粉） ＿ 適量

＜具材＞

牛ひき肉 ＿ 60g
玉ねぎ（みじん切り） ＿ 1/3個分
春雨（乾燥） ＿ 2g
※ぬるま湯に浸し、戻しておく。
ゆで卵 ＿ 2個
パセリ（みじん切り） ＿ 大さじ2
A
酒 ＿ 大さじ1
塩 ＿ 小さじ1/3
こしょう ＿ 少々
オリーブ油 ＿ 小さじ1

揚げ油 ＿ 適量

【作り方】

0min.

粉以外の生地の材料をよく混ぜる

1.
ぬるま湯に砂糖、塩を加えてよく溶かす。卵黄とサラダ油を加えてさらに混ぜ、ドライイーストを加えてしっかりと混ぜる。

Point
ぬるま湯の温度は40℃ぐらいが目安。混ぜる順番を守ること。

10min.

強力粉に加えて混ぜる

2.
強力粉に**1**を少しずつ加えながら混ぜ、手につかなくなるまで混ぜる。ベチャベチャするときは、強力粉（分量外）を少しずつ足しながら混ぜる。

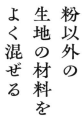

20min.

生地をこねる

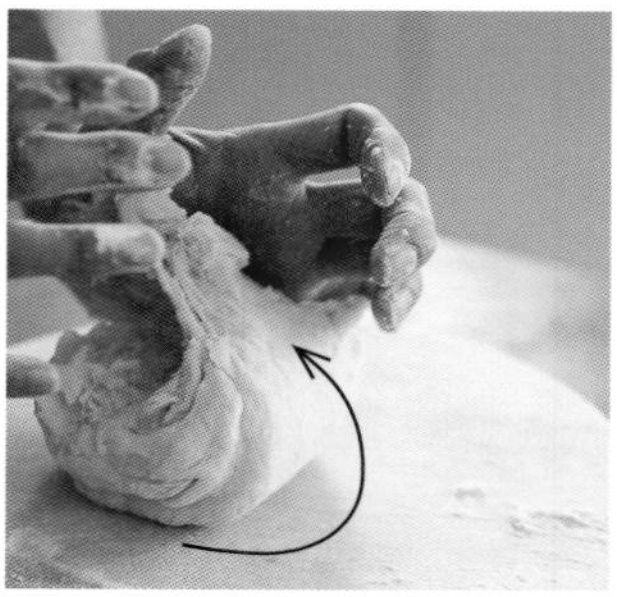

3.

打ち粉をしたまな板などに生地をのせて、奥にのばして手前に折りたたむ作業を何度か繰り返し、表面がつやっとなめらかになるまでこねて、コシを出す。

30min.

一次発酵させる

約35℃の場所に30分ほどおく

4.

ボウルに**3**の生地を入れ、かたく絞った濡れふきんをかぶせ、35℃程度のところに30分ほどおき、発酵させる。

Point

発酵に乾燥は禁物。乾かないように隙間なくふきんをかぶせましょう。オーブンの発酵機能を使うと温度がキープしやすいです。なければ部屋の一番暖かいところにおくか、60℃ぐらいの湯を入れたボウルに重ねてもよいでしょう。

35min.

具材を作る

5.

フライパンにオリーブ油を中火で熱し、ひき肉、玉ねぎを入れて、玉ねぎが透き通るまで炒める。2cm長さに切った春雨を加えてさっと炒め、**A**を加えて、汁けがなくなるまで炒め、バットなどに移す。粗熱が取れたら、粗く刻んだゆで卵、パセリを加えて混ぜる。

Point

汁けがなくなるまで炒めることで、包みやすくなります。

1h

ガス抜きをする

6.

手にオリーブ油適量（分量外）をつけて、4の生地をガス抜きする。

Point

写真のようにこぶしで生地の中心を押してガスを抜きます。ここでしっかりガスを抜いておくと、二次発酵でしっかり膨らみます。

1h5min.

6等分にして二次発酵させる

7.

6の生地を打ち粉をしたまな板などに出し、棒状にして6等分に切る。丸めてまな板などに間隔をあけて並べ、かたく絞った濡れふきんをかぶせ、室温で30分ほどおく。

1h35min.

円形にのばして具材をのせる

8.

打ち粉をしたまな板などに7を出し、手でつぶす。それぞれめん棒で直径10cmほどの円形にのばし、5の具材を6等分してのせる。

Point

生地は真ん中を厚めにしてまわりを薄く広げるのがコツ。具材の量は1個につき、大さじ2ぐらいが目安です。

1h45min.

具材を包む

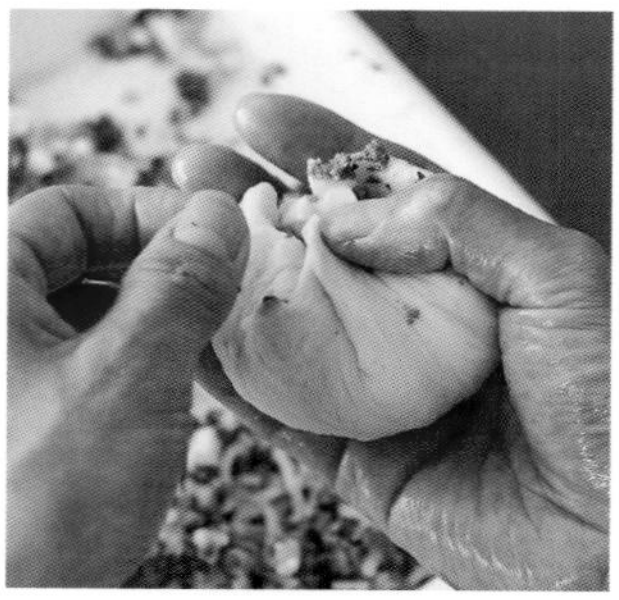

9.
具材をのせた生地のまわりを引っ張りながら、真ん中に寄せ、包むようにして丸くととのえる。

Point

閉じ目が開かないように少しずつ生地を引っ張りながら何重にも寄せて折りたたむのがポイント。

1h55min.

ラグビーボール状に形をととのえる

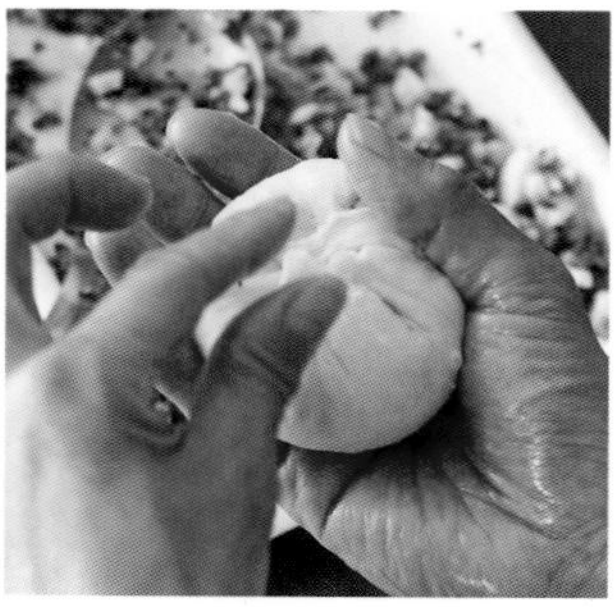

10.
包み終わりに裂け目ができないようにつまみながらきれいに丸め、最後はラグビーボール状に形をととのえる。

2h10min.

170℃の油で揚げる

11.
揚げ油を170℃に熱し、**10**の閉じ目を下にして入れ、返しながらキツネ色になるまで10分ほど揚げる。

2h20min.

完成

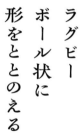

水餃子

（作り方は次のページへ）

もちもち、つるんとした食感の水餃子を食べたいなら、
皮は粉から手作りするのが一番です。
生地をこねて、しっかりと寝かす。切り分けた生地を
ひとつひとつ円形にのばし、あんを包む。
こういう時間こそ、とても贅沢なのかもしれません。

つるんとした皮を手作りで
水餃子

【材料（作りやすい分量／20個分）】

<餃子の皮>

- A
  - 薄力粉＿80g
  - 強力粉＿80g
- ぬるま湯＿100〜120ml

<あん>

- 豚ひき肉＿100g
- セロリの茎＿1本
- セロリの葉＿3〜4枚
- 塩＿小さじ1/3
- B
  - しょうが（すりおろし）＿1と1/2かけ分
  - 紹興酒＿大さじ1/2
  - しょうゆ＿小さじ1
  - ごま油＿小さじ1

【作り方】

0min.

粉にぬるま湯を加えて混ぜる

1.

ボウルにAを入れ、ぬるま湯を少しずつ加えながら手で素早く混ぜ、ボウルに生地がつかない程度のかたさのひとまとまりにする。

Point

ぬるま湯の温度は40℃ぐらいが目安。生地の水分が少なく感じられたら、ぬるま湯大さじ1を加えて混ぜましょう。

5min.

生地をよくこねる

室内で30分ほど休ませる

2.

生地全体につやが出て、しっとりとなじむまで、内側から外側へ広げながらよくこねる。ラップをかけ、室温に30分ほどおいて休ませる。

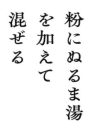

15min.

餃子のあんを作る

3.

セロリの茎とセロリの葉はみじん切りにしてボウルに入れ、塩を加えてしんなりするまでもみ込む。出てきた水分を絞り、セロリを別のボウルに移す。豚ひき肉とBを加え、白っぽくなるまでよく練り混ぜる。

45min.

生地を切り分けてつぶす

4.

2の生地を40cm長さの棒状にのばし、2cm幅に切り分け、20個分作る。それぞれ丸めて、閉じ目があるほうを下にして手のひらで押してつぶす。

Point

手でつぶすときに、なるべく丸い形になるようにつぶしておくと、めん棒でのばすときにきれいに成形できます。

55min.

めん棒で円形にのばす

5.

生地を回転させながら、めん棒を前に押し出すようにして、直径10cmの円形にのばす。

Point

めん棒は細いタイプがおすすめ。中央が厚くなるようにのばすのがコツです。

1h15min.

皮であんを包む

6.

3のあんを20等分して、5の皮にのせ、皮のふちに水をつけ、指で皮をつまみ合わせてしっかり閉じる。

1h35min.

ゆでる

7.

すべて包み終わったら、沸騰した湯に入れ、7分ほどゆでて取り出す。

Point

湯がふきこぼれそうになったら、差し水をしながらゆでるのがポイントです。

1h45min.

完成

薬味とタレのこと

刻んだ香菜やせん切りにしたしょうが、小ねぎの小口切りなどを薬味に、タレは、酢やしょうゆを好みの割合で混ぜたものを。黒酢を使うと味に深みが出ます。

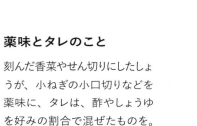

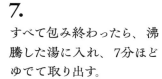

肉まん

（作り方は次のページへ）

蒸籠の蓋を開けた瞬間、ホワホワに蒸し上がった
肉まんが顔を出す、そんな瞬間、幸せを感じます。
ふんわり、もっちりとした生地とぎっしり詰まった
あんが最高においしい。アツアツのうちに半分に
割ってみると、肉汁がジュワッと溢れ出します。

溢れる肉汁がたまらない

肉まん

【材料（作りやすい分量／6個分）】

A
- 薄力粉＿160g
- 強力粉＿20g
- ドライイースト＿小さじ1
- ベーキングパウダー
  ＿小さじ1/4

砂糖＿10g

塩＿少々

白ごま油＿大さじ1

打ち粉（強力粉）＿適量

＜あん＞
- 豚バラ薄切り肉＿130g
- 玉ねぎ＿1/3個
- 干ししいたけ＿1枚
  ※かぶるくらいの水に一晩浸す。
- 干しえび＿大さじ1
  ※かぶるくらいの水に
  20分ほど浸す。
- B
  - 干ししいたけと干しえびの戻し汁
    ＿合わせて小さじ2
  - 紹興酒＿大さじ1/2
  - しょうゆ＿小さじ2
  - オイスターソース
    ＿小さじ2
  - ごま油＿小さじ2

【作り方】

前日に干ししいたけを戻す

0min.

粉を合わせる

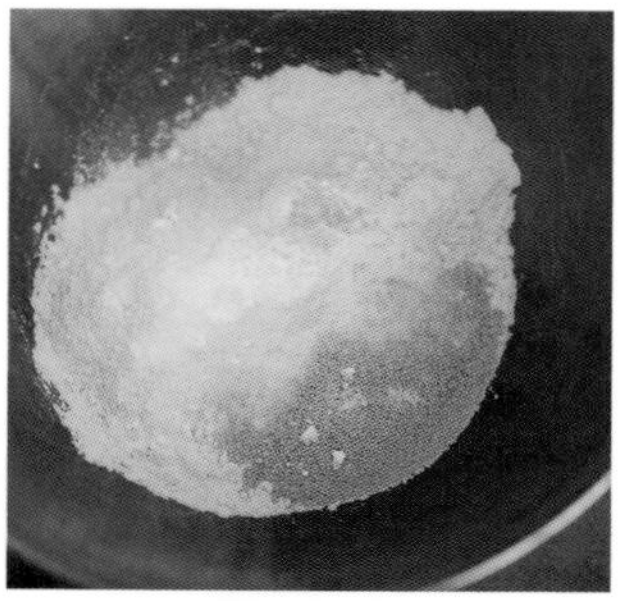

1.

ボウルにAを入れ、合わせておく。

5min.

ぬるま湯を加えて混ぜる

2.

35〜40℃くらいのぬるま湯80〜100mlに砂糖と塩を加えて混ぜ、1に少しずつ加えながら、その都度混ぜていく。軽く全体がまとまるまで混ぜる。

Point

さらさらの粉っぽさがなくなり、ところどころかたまりがある状態まで混ぜます。

15min.

白ごま油を加え さらに混ぜる

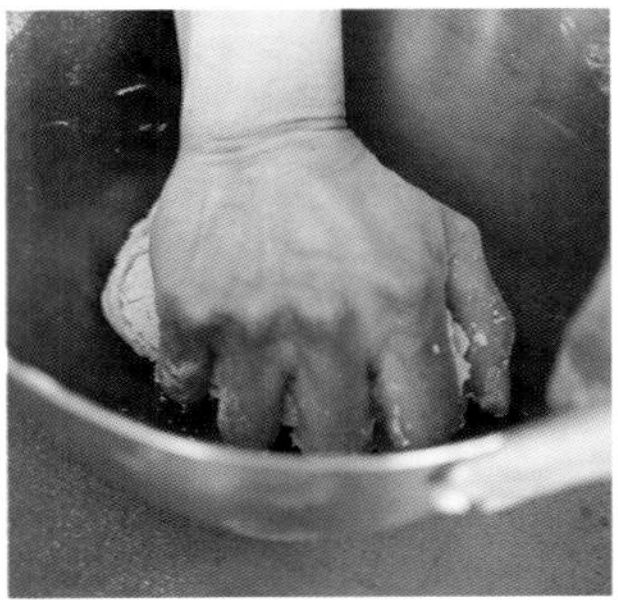

3.

白ごま油を加えて混ぜ、ひとまとまりになるまでよくこねる。

Point

生地がパサパサしていたら、手に水をつけてふり、水滴をかけながらこねるのがコツ。

20min.

生地をこねる

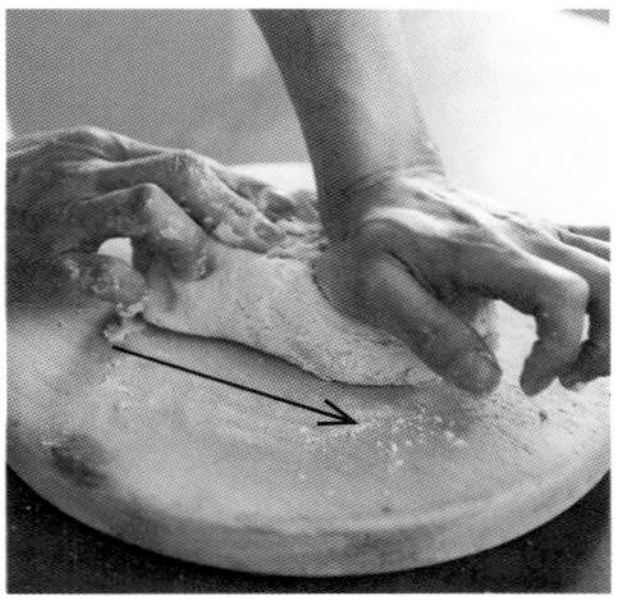

4.

打ち粉をしたまな板などに生地を出す。奥に広げて手前に折りたたむようにして、のばす作業を繰り返し、表面がつやっとなめらかになるまでこねる。

30min.

一次発酵させる

5.

生地をボウルに戻し、かたく絞った濡れふきんをかぶせ、35℃程度のところに30分ほどおき、発酵させる。

Point

発酵に乾燥は禁物。乾かないように隙間なくふきんをかぶせましょう。

干しえびを戻す

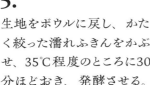

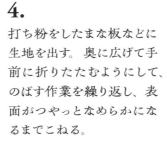

1h

生地が2倍に膨らんだらガス抜きをする

6.

生地が2倍に膨らんだら、手に白ごま油適量(分量外)をつけて、こぶしで生地の中心を押し、ガス抜きをする。

1h5min.

6等分にして丸め、二次発酵させる

7.

打ち粉をしたまな板などに生地を出し、棒状にして6等分に切る。丸めて間隔をあけて並べ、かたく絞った濡れふきんをかぶせ、室温で30分ほどおく。

室温に30分ほどおく

1h15min.

あんを作る

8.

豚肉は粗みじん切り、玉ねぎ、干ししいたけ、干しえびはみじん切りにし、Bを加えてよく混ぜる。

Point

あんは豚バラ肉をたたき、片栗粉などのつなぎを入れずに作ります。ねっとりとするまでよく混ぜると、蒸したときに肉汁たっぷりに仕上がります。

1h40min.

生地をつぶしてのばす

9.

打ち粉をしたまな板などに**7**を閉じ目を下にしてのせ、手でつぶし、めん棒で10cmほどの円形にのばす。

Point

真ん中を厚めにして、まわりが薄くなるようにのばすと包みやすくなります。生地を回転させ、めん棒で押して広げるのがコツ。

1h50min.

あんをのせて包む

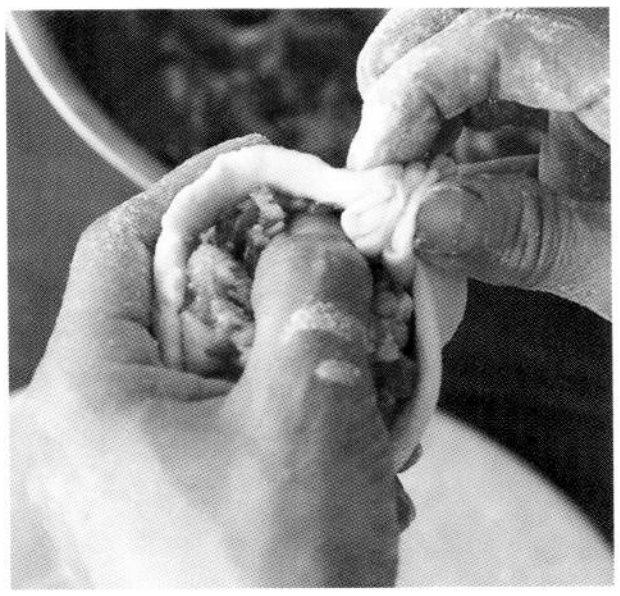

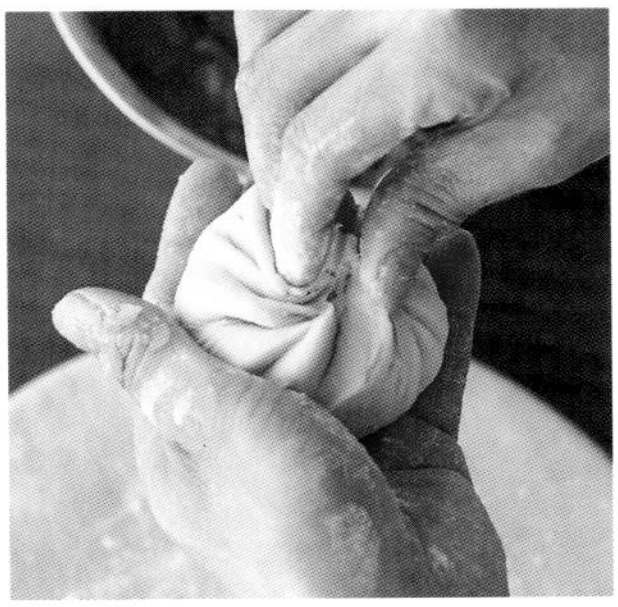

10.

8のあんを6等分し、**9**の生地にのせる。まわりの生地を引っ張って真ん中に寄せ、あんを親指で押し込み、回転させながら、反対の手の親指と人差し指でヒダを作っていく。最後につまんでねじり、口を閉じる。

2h

蒸籠に入れて15分蒸す

11.

蒸籠にクッキングシートを敷き、**10**をのせ蓋をする。蒸気が上がった鍋にのせ、強火で15分ほど蒸す。

2h15min.

完成

Column | 冬の手作り保存食

冬に旬を迎える白菜を使って、
韓国で親しまれる保存食、
キムチを仕込みましょう。
自家製ヤンニョムを作り、塩漬けした
白菜に塗り込んで発酵させます。
皮ごとのりんごとなしをたっぷり使えば、
フルーティーな甘みがさわやかな、
本場韓国の味わいに。

白菜キムチ

じっくり漬けたい

【材料（作りやすい分量）】

白菜 __ 大1/2個（約2kg）
粗塩（または天然塩） __ 適量

＜ヤンニョム＞

りんご・なし __ 各3/4個
小ねぎ __ 6本
しょうが __ 2かけ
にんにく __ 2かけ

A
粗挽き唐辛子 __ 80～100g
魚醤 __ 大さじ3
アミの塩辛 __ 大さじ5
オリゴ糖 __ 大さじ5

B
上新粉 __ 大さじ1
水 __ 大さじ2

食材info

白菜を選ぶときのポイント

切ってあるものを選ぶときは、中心が白いものを。まるごとの場合は、根元の切り口が茶色くなっていないものを選ぶといいでしょう。

【作り方】

DAY1

0min. 白菜を塩漬けする

重しをして2～3時間おく

10min. りんごとなしをよく洗う

1.

白菜は縦半分に切り、水でよく洗う。白菜の葉のかたい部分に、1枚ずつ粗塩をすりつけてボウルに入れる。ラップをかけ、重しをして2～3時間おく。

2.

りんごとなしは、皮に粗塩をつけてよくこすり、流水で洗い流す。

Point

皮ごと使うので、汚れなどをよく落としておきましょう。

15min.

りんごとなし、香味野菜をペースト状に攪拌する

3.

りんごとなし各1/2個は、皮ごとざく切りに、にんにくは芯を取り、しょうがは皮つきのままざく切りにして、フードプロセッサーに入れ、ペースト状になるまで攪拌する。

25min.

ボウルにヤンニョムの材料を合わせる

4.

ボウルに3を入れ、Aを加えてよく混ぜ合わせ、30分〜1時間おく。

Point

オリゴ糖は体にもよく、粘りを出してくれます。キムチに欠かせないアミの塩辛は、余ったら冷凍保存がおすすめ。魚醤を入れると発酵が進みます。

30分〜1時間おく

1h25min.

ヤンニョムの材料を混ぜ合わせる

5.

りんごとなし各1/4個は、皮つきのまま細切りに、小ねぎは3〜4cm長さのざく切りにし、4のボウルに加える。混ぜ合わせたBも加え、さらに混ぜ合わせる。

3~4DAYS LATER

3h

白菜がしんなりしたら塩けを抜く

6.

1の白菜がしんなりしてきたら、流水で洗って、ボウルの水を替えながら塩けを抜き、しっかりと水けを絞る。

Point

塩漬けにしてから3時間ほど経つと、水がたっぷり出てきます。塩けを少し感じる程度まで塩抜きしましょう。

3h10min.

水けを拭いてヤンニョムを塗る

7.

キッチンペーパーで6の白菜の水けを拭き、バットにのせ、葉1枚1枚に5のヤンニョムを塗っていく。白菜の葉のかたい部分に多めに塗る。

Point

ヤンニョムが残ったら、チゲ鍋や豚肉の煮物の味つけ、サムギョプサルのつけダレなどにも使えます。

3h30min.

保存容器に入れて漬ける

完成

8.

全体に塗り終えたら、保存容器などに入れて15℃前後の場所に3～4日おく。冷蔵庫で1カ月ほど保存可能。

Point

3～4日後から食べられますが（浅漬け）、1週間ほど熟成させてもおいしくなります。

Profile

ワタナベマキ

料理家。雑誌や書籍、イベントなどで幅広く活躍。グラフィックデザイナーを経て料理家の道へ進む。日々食べるものをおいしく丁寧に作るお弁当や朝ごはんなど、毎日の料理の参考になる著書を多数出版。近著に『お医者さんが教えてくれた 一年中冷え知らずごはん』（KADOKAWA）『ワタナベマキのいまどき乾物料理』（NHK出版）などがある。2021年からスタートしたオンライン料理教室も話題。

時間をかけて作りたい料理

2023年3月28日　第1刷発行

著者　ワタナベマキ
発行人　土屋　徹
編集人　滝口勝弘
企画編集　田村貴子
発行所　株式会社Gakken
〒141-8416
東京都品川区西五反田2-11-8
印刷所　大日本印刷株式会社
DTP製作　株式会社グレン

●この本に関する各種お問い合わせ先
本の内容については、下記サイトのお問い合わせフォームよりお願いします。
https://www.corp-gakken.co.jp/contact/
在庫については　Tel 03-6431-1250（販売部）
不良品（落丁、乱丁）については　Tel 0570-000577
学研業務センター　〒354-0045　埼玉県入間郡三芳町上富279-1
上記以外のお問い合わせは　Tel 0570-056-710（学研グループ総合案内）

Staff

撮影　邑口京一郎
スタイリング　佐々木カナコ
デザイン　鳥沢智沙（sunshine bird graphic）
編集・構成　丸山みき（SORA企画）
編集アシスタント　大西綾子（SORA企画）
校正　ゼロメガ